BLUMEN IM FRÜHLING

BLUMEN IM

FRÜHLING

FLORISTISCHE IDEEN

MIT ZARTEN BLÜTEN

MONIKA KRATZ

Mit 57 Farbfotos

FLORISTIK
ULMER

Umschlagfotos:
Ralf Leinburger
Frontispiz:
Ranunkelstrauch (Seite 68)

Die Deutsche Bibliothek – CIP-Einheitsaufnahme
Ein Titeldatensatz für diese Publikation ist bei Der Deutschen Bibliothek erhältlich.

Wollgrasweg 41 • 70599 Stuttgart (Hohenheim)
E-Mail: info@ulmer.de
Internet: www.ulmer.de
Lektorat: Anke Ruf
Printed in Germany
Layout und Produktion: Birgit Beyer, Köln
Reihengestaltung: Michael Ditter, Köln
Reproduktionen: kölnermedienfabrik kmf AG, Köln
Druck und Bindung: Appl, Wemding

ISBN 3-8001-6771-9

INHALT

EINLEITUNG

Was ist eigentlich Frühling? Die drei Monate vom 20. März bis 21. Juni, die unser Kalender dafür vorsieht? Oder der meteorologische Frühling, der am 1. März beginnt? Mit Wissenschaft allein kann das Phänomen Frühling kaum umfassend beschrieben werden. Was hätte er wohl sonst in hunderten von Liedern und Gedichten zu suchen!

Der Rhythmus der Jahreszeiten bestimmt unser Empfinden: Der Sommer – real, manifest, gegenwärtig. Der Herbst – Reife und Fülle, neues Leben bergend in Samen und Früchten, aber auch eine Vorahnung vom Abgang. Der Winter – Zeit der Ruhe und Starre, elementar, das Ende.

Das Ende? Nein, denn jetzt kommt der Frühling – die Erwartung, die Hoffnung auf Neues, Besseres, Schöneres. Die Sinne sind auf Reize aus. Vom Winter abgeschlafft, drängt es uns nach draußen, nach Aktivität und neuen Erfahrungen. Jeder erlebt dabei seinen eigenen Frühling – und kann ihn mit Blumen zum Ausdruck bringen. Erstes Keimen und Wachsen, neue Formen und Strukturen, unvergleichliches Licht, Farben, Düfte und dann die Üppigkeit des Spätfrühlings. Gehen Sie mit all Ihren Sinnen auf Entdeckungsreise. Das Buch wird Ihnen als »Reiselektüre« dabei hoffentlich recht nützlich sein!

KEIMEN UND WACHSEN

AUS ALLEN WIESEN SPRIESSEN...

BLÜTENZWIEBELN UND ZWIEBELGRÜN
Das Wunder des Wachsens Schritt für Schritt beobachten
KEIMLINGE UND GRÄSERSPITZEN
Das erste Grün des Jahres als Bote neuen Lebens sehen
JUNGER FARN UND BLATTAUSTRIEB
Die Reize des scheinbar Unbedeutenden entdecken

Eine winzige grüne Spitze, die sich durch die Erdkruste oder gar die Schneedecke bohrt – das ist Frühling, das sichere Zeichen neuen pflanzlichen Lebens! Was für eine Freude! Die Freude am Minimalistischen. Haben wir die erste grüne Spitze entdeckt, rennen wir wie närrisch im Garten umher und suchen die nächsten. Dann sprießen die Knospen, die sichtbar dicker werden und schließlich aufspringen, sodass sich Blatt oder Blüte entfalten kann. Samen, die keimen, Zwiebeln und Knollen, die frisches Grün austreiben, haarigbraune Spiralen, die sich langsam zum Farnwedel entrollen. Ist es nicht fantastisch, diesem Schauspiel von Keimen und Wachsen zuzuschauen?

BLÜTENZWIEBELN UND ZWIEBELGRÜN

Das Wunder des Wachsens Schritt für Schritt beobachten

Diese unscheinbaren Zwiebeln mit ihrer bräunlich-trockenen, papierartigen Haut sind schon etwas Besonderes. Auch wenn man es ihnen nicht ansieht, in ihnen steckt die ganze Kraft, um eine Pflanze wachsen, grünen und blühen zu lassen – und sie brauchen dafür im Notfall nicht einmal Erde und Wasser! Das können wir uns im Frühlingsblumenarrangement zunutze machen, indem wir Blumenzwiebeln aller Art, die im Frühjahr austreiben, verwenden. Statt der abgeschnittenen Blüten für die Vase verwenden Sie einmal die gesamte Pflanze mit Zwiebel oder nur Zwiebeln. Auch Küchenzwiebeln oder keimende Zwiebeln sind dafür geeignet. Oder Sie nehmen einfach alle zusammen. In Erde, in Sand, in Wasser, ohne Wasser, auf Stroh, ohne alles – die Gestaltungsmöglichkeiten sind enorm. Probieren Sie es aus!

Tipp Zwiebeln sind Speicherorgane der Pflanzen und bringen daher ein Startkapital an Nährstoffen mit. Für die Dauer einer Dekoration halten die blühenden Zwiebeln also auch ohne Wasser und Erde.

SIE BRAUCHEN *(Bild 1):*

- *flachen, großen Korb*
- *Heu oder Stroh*
- *Küchenzwiebeln oder Blumenzwiebeln, in unterschiedlichen Stadien ausgetrieben*
- *ca. 3 Töpfe mehrblütige Narzissen*

Alternative (Bild 2 + 3):

- *Glaszylindervase*
- *1 Topf mehrblütige Narzissen*
- *2–3 Zweige mit Blüten oder Blattaustrieb*
- *feiner Quarzsand (Vogelsand)*

1 Nehmen Sie die Narzissenzwiebeln aus ihren Töpfen und waschen Sie die Wurzeln in Wasser aus. Abtrocknen lassen. Füllen Sie den Korb bis zum Rand mit Heu oder Stroh. Auf diese weiche Unterlage betten Sie nun die Zwiebeln. Es können Frühlingsblumenzwiebeln, Küchenzwiebeln oder alle miteinander gemischt sein. Fangen Sie an einer Seite des Korbes mit den noch nicht oder nur wenig ausgetriebenen Zwiebeln an. Dann folgen die, die schon mehr Grün zeigen, und zum Schluss die voll erblühten Narzissenzwiebeln. Die Triebspitzen sollten in die gleiche Richtung weisen. So wird die Entwicklung von der Zwiebel zur Blüte verdeutlicht.

2 + 3 Schütten Sie behutsam Vogelsand etwa handhoch in das saubere und trockene Glasgefäß. Setzen Sie 2 oder 3 blühende Narzissenzwiebeln darauf. Stecken Sie ein paar frisch austreibende Zweige vorsichtig dazwischen, sodass sich Blüten und Zweige gegenseitig stützen. Lassen Sie so hoch wie der Sand ist langsam Wasser ein, indem Sie es an den Blumenstielen hinabrinnen lassen. So kann der Sand nicht hochspritzen und das Glas beschmutzen.

3

KEIMLINGE UND GRÄSERSPITZEN

Das erste Grün des Jahres als Bote neuen Lebens sehen

Nicht nur im Garten oder der freien Natur können wir das Wunder neuen Pflanzenlebens sehen. Unter den richtigen Wachstumsbedingungen keimen Samen das ganze Jahr über. Wir kennen das aus der Küche: Kresse, Bohnen und Weizenkörner lassen wir in der Wärme des Hauses selbst im Winter zu Frischkeimlingen für Salat und Suppe heranwachsen. Sie sind nicht nur lecker, sondern auch schön und prima zu allerlei frühlingshaften Arrangements zu verarbeiten.

Der keimende Samen, das sprießende Grün ist ja generell ein Symbol für Frühling. Besonders zu Ostern und in Verbindung mit dem Ei, das für Fruchtbarkeit steht, lassen sich sehr einfach wirkungsvolle Dekorationen fertigen. Je mehr Trockenes es umgibt, desto lebendiger wirkt das frische Grün.

SIE BRAUCHEN *(Bild 1):*

- *groben, lockeren Trocken-Rankenkranz (z.B. aus Clematis oder Weidenrinde), Ø 30–40 cm*
- *1-2 Töpfe mehrblütige Mini-Narzissen*
- *5-6 Eier (ausgeblasen)*
- *1 Box Gartenkresse*
- *1 Topf »Katzengras« (Weizen)*
- *1 Hand voll Heu*
- *für ein Ensemble: weitere Kränze*

Alternative (Bild 2 + 3):

- *pro Hörnchen 1 Hand voll Heu*
- *3 Zweigstücke*
- *Rebdraht oder Gimpe*
- *1 halbe Eierschale, Kresse*
- *für ein Ensemble: weitere Hörnchen (z.B. zu kaufen aus Rankengeflecht), gefüllt mit Ostereiern oder Grastopf*

1 Ausgeblasene Eier bis knapp zur Hälfte der Schale abbrechen. Von Katzengras und Kresse mit Messer oder Schere passende Stücke mit Wurzel abschneiden und in die Eierschalen setzen. Diese wie auch die ausgewaschenen Narzissenzwiebeln vorsichtig mit etwas Heu in Zwischenräume des Kranzes klemmen. Die Blumenstängel sollten sich im Uhrzeigersinn leicht neigen, das gibt Schwung. Beachten Sie:
1.) Kranzdurchmesser wenigstens 30 cm, sonst wird es zu eng für Eier- und Pflanzenschmuck!
2.) Trockenmaterial grob oder biegsam, damit die Eier und Zwiebeln in Lücken passen.

Tipp Statt fertiger Kresse und »Katzengras« können Sie auch Kressesamen und Weizenkörner selbst aussäen, am besten direkt in die mit Erde gefüllten Eierschalen. Gut planen: Das Keimen braucht 1–2 Wochen.

2 + 3 Das wird der Renner zu Ostern! Kleine, selbst gemachte Heuhörnchen mit bepflanzten Eiern sehen witzig aus und sind supereinfach zu machen! Nehmen Sie im wahrsten Sinn des Wortes eine Hand voll Heu und drücken Sie sie grob in Kegelform. Mit der anderen Hand wickeln Sie den ummantelten Draht (Rebdraht oder Gimpe) vom dünneren Ende kreuz und quer hin zum dickeren. Das Drahtende einklemmen. Die Spitzkegelform lässt sich nun leicht zum Hörnchen biegen. Ordnen Sie als Aufsteller drei Zweigstücke um das dickere Ende an und wickeln Sie diese mit dem gleichen Draht fest. Aufstellen und mit einem Kresse-Ei krönen.

3

JUNGER FARN UND BLATTAUSTRIEB

Die Reize des scheinbar Unbedeutenden entdecken

Es gibt noch andere Anzeichen des beginnenden Frühlings als die geradlinigen Grüntriebe von Zwiebel und Gras; etwa, wenn sich aus scheinbar totem Holz die ersten Blättchen entfalten. Oder haben Sie schon einmal so eine knubbelige, von bräunlich-trockenen Fasern überzogene, kurzum etwas unansehnliche Bodenerhebung betrachtet, die mal ein prächtiges Farngewächs werden will? Irgendwann im Frühling geht's los. Dann erscheinen plötzlich lauter kleine, dichte Spiralen auf der Oberfläche. Die ersten strecken sich langsam, ganz langsam nach oben und entrollen sich dabei, bis sie nach Tagen schließlich als kräftiger Farnwedel aufrecht in den Himmel ragen. Übertragen Sie diesen Prozess dekorativ in eine Vase – und Sie verblüffen Ihre Gäste!

Tipp Auf Möbel mit empfindlicher Oberfläche legen Sie zum Schutz ein gefaltetes Tuch oder eine Unterlage aus Moosgummi unter das Bleigefäß.

SIE BRAUCHEN *(Bild 1 + 2):*

- *schmale Glasgefäße, 10-15 cm hoch*
- *1 Bleiplatte, ca. 50 x 50 cm, ca. 1 mm dick*
- *junge Farnwedel, unterschiedlich weit aufgerollt*
- *2 Hasenglöckchen*

Alternative (Bild 3):

- *Glasgefäße oder dicke Plastik-Orchideenröhrchen, 10-15 cm hoch*
- *Bleiplatte wie oben*
- *austreibende, filigrane Zweige (hier: Hartriegel und Gagelstrauch)*
- *2 Waldwindröschen*

1 + 2 Aus der dünnen Bleiplatte lassen sich erstaunlich leicht alle möglichen Formen biegen und das ganz einfach mit der Hand – man braucht keinerlei Werkzeug. Probieren Sie es aus! Für die längliche Form hier halten Sie eine Hand entlang der Mitte und klappen die Platte u-förmig hoch, sodass ein handbreiter Boden bleibt. Dann klappen Sie die schmalen Seitenwände ein und »knittern« den oberen Rand etwas wie einen Papiersack. In diesem Mantelgefäß verstecken Sie wassergefüllte Glasgefäße in der passenden Höhe. Farntriebe und Blüten einstellen – fertig!

3 Die gleiche Bleiplatte lässt sich auch zickzackartig zu einem Mantelgefäß falten. Das ergibt eine strengere, aber interessante Struktur. Um das Karge des gerade erwachenden Frühlings darzustellen, braucht es wirklich nicht viel: Einen Zweig vom dunkelbraunen, noch winterlich anmutenden Gagelstrauch (im Blumengeschäft meist als »Moorbirke« angeboten), 2–3 Zweige von einem hellgrün oder weißgrün austreibenden Strauch, dazu zwei zarte Blütensterne vom Waldwindröschen. Die Stiele können in schmale Glasgefäße gestellt oder einzeln in Orchideenröhrchen gesteckt werden, die hinter der Bleifassade verschwinden.

2

FORM UND STRUKTUR

ALLES NEU MACHT DER MAI…

KLEINE KOSTBARKEITEN
Einzelblüten und Ministräußchen zu Frühlingsensembles gruppieren
LIEBESBOTSCHAFTEN
Mit Herzen aus Blumen eindeutige Aussagen machen
GROB UND FEIN
Das Liebliche der Frühlingsblumen durch Kontraste herausstellen

Während im Winter alles unverändert und wie erstarrt aussieht, verbinden wir die erste Veränderung, das Erscheinen neuen pflanzlichen Wachstums, unweigerlich mit dem Frühling. Die Entwicklung ist rasant. Täglich gibt es neue Formen und Strukturen zu entdecken. Der Vorfrühling ist karg, grobe Strukturen herrschen vor. Dann schieben sich tausende junger Triebe ans Licht, Blätter und Blüten verändern ständig das Erscheinungsbild.
Die Sinne sind geschärft, um feinste Nuancen wahrzunehmen. Das ist auch nötig, denn der Frühling kommt nicht mit Pauken und Trompeten daher, eher mit feinem Glöckchengebimmel. Das Kleine, das Zarte, das Liebliche ist es, das wir im Frühling aufspüren mit den Augen und mit dem Herzen.

KLEINE KOSTBARKEITEN

Einzelblüten und Ministräußchen zu Frühlingsensembles gruppieren

Die Blumengeschäfte bieten sie in großer Zahl an: fertige Bündchen aus kleinen und kleinsten Frühjahrsblumen. Die Veilchensträußchen früherer Zeiten gibt es heute nur noch selten. Typische Vertreter sind dagegen Vergissmeinnicht, Trauben- oder Perlhyazinthen, Goldlack, Schleifenblume und gefüllte Gänseblümchen, auch Tausendschön genannt. Ob fertig gekauft oder selbst gepflückt, diese niedlichen Bündchen bestehen immer aus »Massenblühern«, die auch im Garten oder in der Natur in stärkeren Beständen wachsen. Um diesen Kleinen auch in größeren Dekorationen zu besonderer Aufmerksamkeit zu verhelfen, kann man sie hinter Glas arrangieren. Selbst kleine, unscheinbare Einzelblüten wirken unter einem schützenden Glassturz wie ein kostbarer Schatz.

Tipp Je nach Raumtemperatur werden die Glasglocken von innen früher oder später beschlagen, wenn keine Luftzirkulation möglich ist. Abhilfe kann eine stark gerillte Unterlage oder das Hochlagern der Glocke auf zwei Ästchen oder Essstäbchen schaffen.

SIE BRAUCHEN *(Bild 1):*

- *2–3 hohe Windlichtgläser*
- *feinen Quarzsand (Vogelsand)*
- *1 hohe Kerze*
- *3 dicke Plastik-Orchideenröhrchen*
- *je 3 Bund Vergissmeinnicht, Bellis, Goldlack*
- *Efeu-und Bergenienblätter*
- *Bast*

Alternative (Bild 2 + 3):

- *5–6 verschiedene Glasstürze*
- *passende Teller oder Schälchen*
- *Kenzane (japan. Steckigel)*
- *»Minivasen« (Fingerhüte, Stuhlrohrkappen etc.)*
- *einzelne zarte Frühlingsblumen wie Lenzrose, Schlüsselblume, Küchenschelle, Perlhyazinthe, Gänseblümchen, Märzveilchen und Tränendes Herz*

1 Der erste warme Frühlingsabend wird auf der Terrasse verbracht! Das große Windlichtglas mit Sand und gelber Kerze erhält einen Blütenschmuck aus rosa Bellis. Dazu 3 Bündchen Bellis in mit Wasser gefüllte Orchideenröhrchen stecken und versetzt im Sand anordnen, sodass die Röhrchen verdeckt sind (vielleicht noch ein Efeublatt zum Kaschieren nehmen).
In einem weiteren Windlicht die geputzten Stiele von 3 Bund Vergissmeinnicht parallel zusammengefasst in wenig Wasser einstellen.
Für den Strauß 3 Bund Goldlack zusammenlegen, mit Bergenienblättern einhüllen und mit Bast umwickeln. Dieser Legstrauß ohne Wasser ist zum späteren Eintrocknen gedacht.

2 + 3 Echte, alte Glasstürze sind selten. Für unsere Absicht, die zarten Frühlingsblüten unter Glas als etwas Kostbares zu zeigen, gibt es aber reichlich Alternativen. So eignen sich »Bell Jars« aus Glas (englische Kälteschutzglocken für den Garten) oder umgedrehte Hängeglasvasen und -kerzenhalter.
Legen Sie einen Kenzan in einen Teller oder eine Schale, stecken Sie ein oder zwei Blumen darauf und füllen Sie das Gefäß bis über die Nagelspitzen des Steckigels mit Wasser. Die Kleinsten wie Veilchen oder Gänseblümchen passen auch einfach in einen Fingerhut! Stülpen Sie die Glasglocke in der entsprechenden Größe über.
Was für ein Ensemble!

3

LIEBESBOTSCHAFTEN

Mit Herzen aus Blumen eindeutige Aussagen machen

So wie im Frühling Gras und Blumen sprießen, sprießen auch unsere Gefühle. Die Liebe blüht auf. Liebesschwüre haben Hochkonjunktur, Liebesbotschaften auch. Als wichtigste Symbolform, die von Menschen jeden Alters eindeutig verstanden wird, kommt im Frühling das Herz ganz groß raus. Nicht nur zu Sankt Valentin oder Muttertag, sondern zu jeder »Herzensangelegenheit«. Und weil Frühling ist, wird das Herz natürlich mit charakteristischen Frühlingsblumen gestaltet. Wenn der oder die Angebetete sich dann noch ein kleines bisschen mit der Blumensymbolik auskennt, muss es nicht nur bei der dekorativen Wirkung bleiben. Eine doppelte Botschaft ist zum Beispiel möglich mit einem Herzen aus Schlüsselblumen oder himmelblauen Vergissmeinnicht.

SIE BRAUCHEN *(Bild 1 + 2):*

- *2–3 Bund Vergissmeinnicht*
- *fertige Drahtherzunterlage (oder Drahtkranzunterlage, Ø 30 cm)*
- *Silberdraht*
- *Organzaband, Perlen, Sisalfaser*
- *1 großen Teller mit Vertiefung*
- *Ergänzung (Seite 28) Muehlenbeckia-Pflanze auf Herzgerüst im schlanken Topf, zum Verzieren Silberdraht, Organzaband, Perlen*

Alternative (Bild 3 + 4):

- *Efeupflanze auf großem Herzgerüst*
- *Topfverkleidung: Stoff und Herzband*
- *10–15 Plastik-Orchideenröhrchen*
- *lose Efeublätter*
- *rosa und rote Frühlingsblüten wie Primeln, Azaleen, Ranunkeln, Papageitulpen*
- *Silberdraht*

1 + 2 Aus einer Kranzunterlage haben Sie schnell eine Herzform gebogen, falls kein Drahtherz zur Verfügung steht. Wichtig ist nur, dass die Unterlage griffig ist, denn auf glattem Draht rutschen die Blumen.
Legen Sie die gekürzten Vergissmeinnicht büschelweise versetzt an und wickeln Sie sie mit Silberdraht auf die Unterlage. Legen Sie die Blumen an den beiden Herzbögen gegenläufig an.
Das fertige Herz umschlingen Sie mit etwas gefärbter Sisalfaser und aufgefädelten Perlchen. Um die Spitze knoten Sie ein blaues Organzaband. Das Herz in eine flache Schale mit Wasser legen.

3 + 4 Mit viel Geduld könnten Sie Pflanzen auch selbst an einem Herzspalier hochwachsen lassen. Für die kurzfristige Geschenkidee »mit Herz« kaufen Sie besser ein schönes Exemplar im Blumengeschäft.
Den Plastiktopf ummanteln Sie mit Stoff und Herzband (alternativ zum Übertopf).
Am Pflanzgerüst befestigen Sie in gleichmäßigen Abständen Orchideenröhrchen mit einem Stück Silberdraht, schräg und mit der Öffnung stets nach oben. Falls nötig ein extra Efeublatt um die Röhrchen wickeln. Frühlingsblüten hineinstecken und mit einer Spritzflasche Wasser auffüllen.

Übrigens: Beide Herzgebinde halten sehr lange. Die Vergissmeinicht wachsen sogar nach oben und machen so das Herz erst richtig schön (täglich Wasser wechseln!). Die Blumen im Efeuherzen können nach Bedarf ausgetauscht werden (regelmäßig Wasser nachfüllen!).

2

GROB UND FEIN

Das Liebliche der Frühlingsblumen durch Kontraste herausstellen

Wir Menschen können immer nur vergleichen. Wir richten unser dualistisches Denken an zwei gegensätzlichen Polen aus. Ein Begriff definiert sich durch sein Gegenteil. Was ist Helligkeit ohne das Wissen um Dunkelheit, was Wärme ohne Kälte? Diese Erkenntnis nutzen wir auch, wenn wir etwas ohne Worte ausdrücken und vermitteln wollen, zum Beispiel beim Gestalten mit Blumen. Um das Schwebende, Durchscheinende und Atmosphärische zarter Frühlingsblüten darzustellen, können wir uns ganz einfach des großen Kontrastes bedienen, der im Frühling typisch ist: In einem Umfeld von unbunten Flächen, totem Holz, trockenem Material, rauen, groben Strukturen strahlen Primelblüten nochmal so schön, schimmern Tulpe und Dichternarzisse fast überirdisch.

3 Etwas für Frühlingspuristen – klein, schlicht, wirkungsvoll! In fest umwickelte Reisigbündel wird je ein Orchideenröhrchen versenkt (eventuell muss man aus der Mitte einige Zweige herausziehen, um Platz zu schaffen). Eine einzelne Blume ins Röhrchen stecken und mit der Spritzflasche Wasser auffüllen.

Wenn Sie Reisigbündel selbst fertigen möchten, achten Sie darauf, dass die Zweige parallel liegen, gleichlang geschnitten werden und dass Sie zwei feste Bindestellen anbringen (ob mit Kordel oder Draht spielt keine Rolle). Eine einzige Bindestelle wäre hier nicht stabil genug!

SIE BRAUCHEN *(Bild 1 + 2):*

- *Aststücke*
- *Folie*
- *3–4 Ziegel Frischsteckschaum*
- *Schaschlikspieß*
- *Kissenprimeln*

Alternative (Bild 3):

- *2 Reisigbündel (fertig oder selbst gemacht)*
- *2 Plastik-Orchideenröhrchen*
- *2 zartfarbige Frühlingsblumen (hier: rosa Tulpe und Dichternarzisse)*

1 + 2 Für den »Frühlingsaltar« schichten Sie aus Aststücken abwechselnd längs und quer eine Quaderform auf. Die oberste Lage besteht aus vier Rahmenhölzern. Die Öffnung kleiden Sie mit Folie aus und füllen sie vollflächig, aber nicht höher als die Hölzer mit gewässertem Frischsteckschaum. Mit einem Schaschlikspieß Löcher im Abstand von ca. 2–3 cm einstechen. Primelblüten (von Töpfen oder aus dem Garten) mit scharfem Messer schräg abschneiden und hineinstecken. Sie dürfen sich leicht überlappen, sodass sie wie eine Blütendecke über dem Holzstoß schweben.

Tipp Durch den starken Kontrast von grobem, totem Holz und Frühlingsblumen können Sie das Zarte und Frische der Blüten effektvoll zur Geltung bringen.

2

LICHT UND FARBE

FRÜHLING LÄSST SEIN BLAUES BAND…

TRANSPARENTE BLÜTENBILDER
Unifarbene Arrangements spannungsreich gestalten
FRÜHLINGSGÄRTCHEN KUNTERBUNT
Vielfarbige Pflanzungen auch österlich verwenden
BLUMEN UND FARBIGES ZUBEHÖR
Wenige Farben dramatisch und effektvoll kombinieren
BLÜTEN LICHTDURCHFLUTET
Zarte Frühlingsblüten mit Sonnenlicht in Szene setzen

Es ist ein besonderes Licht, das uns im Frühling wie vom schweren, trüben Winter erlöst aufatmen lässt. Die Sonne scheint mit milder Kraft nicht hoch vom Himmel wie im Sommer, sondern schräg von der Seite einfallend, sodass die Schatten lang sind wie im Herbst. Die Luft ist jedoch klarer als im Herbst, das Licht atmosphärisch blau, es lässt Farben strahlend wirken. Wir werden seh-intensiv. Jeden neuen Farbklecks, jedes Blümchen nehmen wir überdeutlich wahr: »Oh, guck mal da! Ein Leberblümchen. Und da – noch eins!«

Helles Grün überwiegt, Blüten sind nur kleine Farbtupfer, meist gelb oder blauviolett, von Forsythie bis Krokus, von Schlüsselblume bis Veilchen, von Winterling bis Veronika. Im Lauf des Frühjahrs kann man dann sehen, wie sich die Farbpalette langsam vom Unbunten hin zum Bunten entwickelt.

TRANSPARENTE BLÜTENBILDER

Unifarbene Arrangements spannungsreich gestalten

Um Farbe zum Thema eines Blumenarrangements zu machen, empfiehlt es sich Blumen einer Sorte oder zumindest der gleichen Farbe zu verwenden. Das kann so reduziert sein, dass wenige Einzelblüten ausreichen, um das Ziel zu erreichen. Man muss das fertige Objekt nur gut platzieren und in Bezug setzen zum umgebenden Raum. Und hier spielt das Licht eine wesentliche Rolle. Anders als im Winter, wo künstliches Licht von Lampen und Kerzen behagliche Abgeschirmtheit vermittelt, sollte im Frühling Licht und Luft die Räume durchströmen und sie mit der Außenwelt verbinden.

Auch eine Dekoration aus Frühlingsblumen kann so eine Verbindung zur Natur sein. Um Licht durchzulassen, ist Transparenz wichtig. Warum also nicht mal einen lichten Raumteiler kreieren?

3 Ein einzelnes Rahmenelement dient hier als transparente Unterlage für ein »Wandbild«. Die Wasserröhrchen mit den Rhododendron-Blütentuffs sollten nach einem bestimmten Plan angebracht werden. Hier zum Beispiel liegen geometrische Formen zugrunde: im oberen Segment ein Dreieck, im unteren ein Quadrat und in der Mitte ein angedeuteter Kreis mit Zentrum. Um die Transparenz zu erhalten, sollte das Objekt mit etwas Abstand zur Wand aufgestellt oder -aufgehängt werden. Beim Aufhängen achten Sie bitte darauf, dass Sie alle Röhrchen zum Gießen noch erreichen können.

Tipp Alle Wasserröhrchen, ob Orchideenröhrchen, Hängeväschen oder Reagenzgläser, bieten den eingestellten Blumen nur ein begrenztes Wasserreservoir. Deshalb muss täglich der Wasserstand kontrolliert werden.

SIE BRAUCHEN *(Bild 1 + 2):*

- *3 Holzrahmen, jeweils 50 x 150 cm, die mit Trockenranken bespannt sind*
- *15–20 Glasröhrchen (mit Rand oder Loch zum Aufhängen)*
- *15–20 großblumige Osterglocken*
- *farbigen Rebdraht, Silber- oder Messingdraht*

Alternative (Bild 3):

- *1 Holzrahmen wie oben*
- *ca. 12 Glasröhrchen*
- *Silberdraht*
- *ca. 12 lilarosa Rhododendron-Blütenstände*

1 + 2 In Bastelabteilungen kann man solche mit Trockenranken bespannten Holzrahmen finden. Sie sind preiswert (ich habe ca. 5 Euro pro Rahmen bezahlt), schön leichtgewichtig und vielseitig einsetzbar.
Für einen Paravent binden Sie drei liegende Rahmen mit Draht an drei, vier Stellen zusammen. Zickzackartig aufstellen und Glasröhrchen mit Silberdraht einhängen. Osterglocken einzeln in die Röhrchen stecken und mit der Spritzflasche Wasser auffüllen.

1

FRÜHLINGSGÄRTCHEN KUNTERBUNT

Vielfarbige Pflanzungen auch österlich verwenden

Mit Blütenfarben spielen heißt manchmal auch alles querbeet zu kombinieren. Da im Frühling aber längst nicht alle Farben in der Natur gleichstark vertreten sind, muss man aufpassen. Reines Rot beispielsweise kommt anfangs selten vor, Weiß, Rosa und Pink schon öfter, am meisten Gelb und Blau. Zwar könnten wir genauso viele rote Primeln und Tulpen wie andersfarbige bekommen, aber die Zusammenstellung würde dann etwas anderes vermitteln als »die Farben des Frühlings ins Haus holen«. Vielleicht eher: »Hilfe, es ist Frühling, ich brauche jetzt unbedingt viel Farbe!« Dagegen ist gar nichts einzuwänden, man muss sich nur entscheiden, welche Aussage man treffen will. Zu Ostern werden Pflanzkranz und Frühlingsbeet dann zum Nest für bunte Ostereier.

SIE BRAUCHEN *(Bild 1 + 2):*
- *Weidenkranz zum Pflanzen, Ø 50–60 cm (mit Folie ausgeschlagen)*
- *Blumenerde*
- *Frühlingspflanzen wie Hyazinthe, Bellis, Stiefmütterchen, Moossteinbrech*
- *1 knorrigen Zweig (z.B. Apfel oder Birne)*
- *1 Osterei am Bändchen*
- *1 Handvoll feine Trockenranken*

Alternative (Bild 3):
- *blaue Plastikpflanzwanne*
- *Blumenerde*
- *1 Kriechwacholder oder anderes Zwergnadelgehölz*
- *2 Graspflanzen (z.B. Blauschwingel)*
- *blühende Pflanzen in allen Farben: Ranunkel, Fingerkraut, Waldwindröschen, Polsterglockenblume, Stiefmütterchen, Osterglocke*
- *bunte Ostereier*
- *Zierband, Zierdraht*

1 + 2 In einem 50–60 cm großen Pflanzkranz finden die Wurzelballen der Pflänzchen genügend Raum. Füllen Sie in den mit Folie ausgeschlagenen Kranz etwas Blumenerde. Setzen Sie die Pflanzen so darauf, dass flache sich mit höheren und weiße sich mit rosa und blauen abwechseln. Lücken werden mit Erde gefüllt. Mit durchgezogenen Trockenranken lassen sich die Übergänge zwischen Korb und Blumen weicher gestalten.
Den Blickfang bilden ein, zwei knorrige Zweige, die in die Erde gesteckt werden und die ihre Arme über den Pflänzchen ausbreiten.
Zu Ostern hängen Sie ein handbemaltes Ei daran – am besten mit Frühlingsblütenmotiv!

3 Setzen Sie alle Pflanzen dicht an dicht auf eine dünne Erdschicht in die Wanne. Wechseln Sie, wie oben beschrieben, Farben und Größen ab. Grünpflanzen dazwischen sorgen für Ruhe im bunten Beet. Die höchste Pflanze, hier die garbenähnlich hochgebundene Osterglocke, »thront« als Blickfang über den anderen und nimmt Bezug auf die Ostereier im Gras-Nest.

Tipps Alle Pflanzungen ohne Wasserabzug nur sehr vorsichtig gießen!
Nach dem Verblühen der Pflanzen können Sie diese in den Garten setzen. Meist erholen sie sich schnell wieder von ihrer Stippvisite ins Wohnzimmer.

2

BLUMEN UND FARBIGES ZUBEHÖR

Wenige Farben dramatisch und effektvoll kombinieren

Zur Haupt-Tulpenzeit im April prangen großblütige, lilienblütige, gefüllte, gekrauste und geflammte Sorten in unseren Gärten und Parks. Es ist eine ungeheure Farbenpracht, vor allem durch die kraftvollen Rottöne, die nun die Farbpalette des Frühlings bereichern.
So lange sind wir schon an ihren Anblick gewöhnt, dass wir die Herkunft der orientalischen Gäste oft vergessen. In unserer heimischen Flora bringt erst der Sommer viel Rot. Andererseits ist die Tulpe inzwischen zu der Frühlingsblume schlechthin avanciert, hat also fast symbolischen Wert erreicht. Also darf's auch Rot sein. Und dann richtig. Am besten mit anderen farbigen Materialien wie gefärbtem Wasser kombiniert, damit es so richtig schön »knallt«. Farbeffekte lassen sich auch mit Deko-Sand erzielen. Frisch wirkt blauer Sand mit weißen Blüten.

SIE BRAUCHEN *(Bild 1 + 2):*

- *Teller*
- *Glaszylindervase*
- *30–40 rote Papageitulpen*
- *Blumenwasserfarbe in Grün und Blau*
- *Messbecher*

Alternative (Bild 3 + 4):

- *Teller (breiter Kragen)*
- *Schälchen*
- *Kaninchendraht, Drahtschere*
- *Deko-Sand in Blau*
- *flache Blüten (hier: Schleifenblume)*

1 + 2 Rühren Sie zwei Blumenwasserfarben einzeln an und arrangieren Sie die Gefäße an ihrem Platz (späterer Transport ist schwierig). Füllen Sie die Vase zur Hälfte mit grünem Wasser. Tulpen entblättern und Kopf an Kopf zunächst rundum auf dem Vasenrand auflegen. Die Stiele hängen im Wasser. Runde um Runde Blüten darauf legen, bis eine Kuppel entstanden ist. Durch ihren wachsigen Überzug rutschen die Tulpen nicht. Das blaue Wasser langsam in den Teller gießen.

3 + 4 Setzen Sie ein Wasserschälchen in die Vertiefung des Tellers. Biegen Sie ein Stück Kaninchendraht zu einer Kuppel (Quadrat 4x einschneiden, überlappen lassen) und stülpen Sie diese auf das Schälchen. Flache, weiße Blüten wie Schleifenblume oder Margerite kurz schneiden und durch das Drahtgitter ins Wasser hängen. Den Kragen des Tellers mit blauem Sand bestreuen und mit den Fingern ein Wellenmuster ziehen.

2

1

BLÜTEN LICHTDURCHFLUTET

Zarte Frühlingsblüten mit Sonnenlicht in Szene setzen

Wir sind im Frühling alle licht- und farbenhungrig – nicht nur die Menschen vom Lande, bei denen man sich wegen deren Nähe zur Natur nicht weiter wundern müsste. Nein, auch die Städter treibt es bei zunehmendem Licht nach draußen. Bei den ersten warmen Sonnenstrahlen sitzen sie mit Sonnenbrille in den Parks und auf den Balkonen. Es muss eine Art innerliche Jahreszeiten-Uhr sein, die uns steuert.

Das Licht des Frühlings in einem Blumengebinde zu Hause »einzufangen«, dazu braucht es durchscheinende Blüten und eine filigrane, lichtdurchlässige Umgebung. Der schon beschriebene lichte Raumteiler mit Rankenstruktur ist eine Möglichkeit. Eine andere Form der Transparenz ist durchsichtiges Glas. Wenn dieses dann noch farbig ist und in den Strahlen der tief stehenden Sonne funkelt – was für ein Stimmungsbild!

Tipp Planen Sie den natürlichen Lichteinfall der Frühlingssonne mit ein und suchen Sie aufmerksam nach einem geeigneten Stellplatz. Im Gegenlicht kommt das Durchscheinende der Blüten und eventuell transparenter Vasen gut heraus.

SIE BRAUCHEN *(Bild 1):*

- *transparente, farbige Glasvasen*
- *filigrane Blüten und Blätter, farblich passend*
- *blaues Tuch*

Alternative (Bild 2 + 3):

- *Zink-Utensilien: Tablett mit Ständer, quadratische Töpfe und Schalen*
- *zarte Blüten und Blätter in kühlen Farben, auch Wildkräuter wie Beinwell, Günsel, Gundermann, Lungenkraut, Waldmeister, Frühlings-Ehrenpreis, Stinkende Nieswurz und Walderdbeerblüten*

1 In edlen Gefäßen (hier sind es Reproduktionen von antiken römischen Glasvasen) lose eingestellt und farblich sortiert in einer Reihe auf Tisch, Schrank oder Fensterbank platziert, können Sie auch den zartesten Frühlingsblümchen zu großer Aufmerksamkeit verhelfen. Porzellanblümchen und Purpurglöckchen, Butterblume und Nelkenwurz, Hornkraut, Goldlack und Flockenblume, Akelei und Gras, Scheinmohn und Vergissmeinnicht – nur wenige einzelne Stielchen vom Gang durch den Garten braucht es für diese Frühlingsfarbenparade. Das blaue Tuch allerdings bringt die anderen Farben erst richtig zum Leuchten!

2 + 3 Für die Kombination mit Zinkgefäßen oder ähnlich metallisch-kühl wirkenden Utensilien pflücken Sie vor allem die zarten Frühlingsblumen in kühlen Rosa-, Lila- und Blautönen wie Akelei Gedenkemein und Lungenkraut. So spiegelt das Arrangement am besten den bläulichen Hauch des Frühlings wider. Auch Wasser ist ein kühles Element. Deshalb sollten alle Gefäße und das Tablett mit Wasser gefüllt sein, sodass zwischen den eingestellten Blumen noch viel reflektierende Wasserfläche sichtbar bleibt. Kurze Blüten kommen in die kleinen Behälter, längere in den hohen Würfel, ein Zwergmispelzweig darf sich am Rand anlehnen.

3

ES LIEGT WAS IN DER LUFT...

BETÖRENDER FLIEDER
Große und kleine Sträuße als duftende Dekoration einsetzen

LIEBLICHES MAIGLÖCKCHEN
Mit den begehrten Frühlingsblumen duftende Geschenke zaubern

PFINGSTROSE, WICKE, LEVKOJE
Pur oder gemischt – mit Duftblüten den Frühling ins Haus holen

Manche Menschen können den Frühling riechen. Die Zusammensetzung der Luft scheint sich zu verändern und bei steigenden Temperaturen riechen dieselben Dinge anders. Wahrscheinlich ist es aber vor allem die gesteigerte Aufmerksamkeit, das Öffnen aller Sinne in Erwartung des Kommenden, was uns dazu befähigt, den Frühling zu erschnuppern. Duftmoleküle sind eine Sache, die Rezeptoren in der Nase eine andere, und alles nützt nichts, wenn nicht das Gehirn mitspielt, der Geist, um uns die Düfte bewusst zu machen. Dann schließen wir die Augen, atmen die Düfte tief ein, süß und verheißungsvoll, und seufzen: »Endlich ist er da!«

BETÖRENDER FLIEDER

Große und kleine Sträuße als duftende Dekoration einsetzen

Was wäre der Frühling ohne den Duft von Flieder! Dabei blüht er nur rund zwei, drei Wochen im Jahr. Auch ist er nicht ganz leicht zu handhaben. Wer Flieder selbst vom Baum schneidet, weiß, dass man dafür eine lange Leiter braucht. Flieder blüht immer nur an den äußersten Spitzen. Hart ist das Holz auch, eine gute Baumschere tut not. Krumm und verzweigt gewachsen, verhaken sich die Stücke oft ineinander. Lange Äste bekommt man in keine normale Vase. Schneidet man nur die letzen geraden Blütentriebe ab, sind sie arg kurz. Die Blätter halten nicht, also müssen sie entfernt werden, aber dann sind die Stiele nackt. Mit dem Hammer soll man die Stielenden spalten wegen der besseren Wasseraufnahme – was für ein Aufwand! Bei all diesen Handicaps: Wieso lieben eigentlich alle diesen Flieder...?

SIE BRAUCHEN *(Bild 1 + 2):*

- *Keramikkübel mit glänzender, blaugrüner Glasur*
- *grobmaschigen Kaninchendraht, Wickeldraht, Drahtschere*
- *feines Trockengerank*
- *20–30 Stiele violetten Flieder*
- *passendes Beiwerk, z.B. blaugrüne Funkienblätter (Hosta sieboldiana 'Elegans'), graulaubiges Heiligenkraut, panaschierter Hartriegel*

Alternative (Bild 3):

- *breite Bechervase*
- *Gartenflieder und Chinesischer Flieder*
- *andere lila Frühlingsblumen wie Wicken, Akelei, Veronika*
- *Bindebast*
- *lila Bänder, Organzasäckchen und -kissen, Perlen*

1 + 2 Stellen Sie den Kübel auf seinen Platz (gefüllt ist er zu schwer zum Tragen) und fertigen Sie aus Kaninchendraht eine Kugel, deren Durchmesser der Gefäßöffnung entspricht. Dazu rollen Sie ein Stück ab, halten es wie eine Röhre über dem Kübel, nehmen an der Öffnung Maß und schneiden es ab. Dann »nähen« Sie mit Wickeldraht die Röhre zusammen, schneiden die Ränder mehrfach ein und biegen die Stücke nach innen. Wenn die Röhre zu lang ist, muss sie erst gekürzt werden, sonst ergibt sich keine Kugel, sondern eine Zigarrenform. Die Kugel ins Gefäß drücken, wobei die Wölbung sich über den Kübelrand erhebt. Dies ist eine stabile Steckhilfe für schwere Blumen oder Zweige wie den Flieder. Draht mit feinem Gerank kaschieren. Wasser einfüllen. Entblätterte Fliederzweige über die Drahtkuppel verteilt einstecken, dazwischen ein paar Blätter und Kräuter arrangieren.

3 Für das kleine Pendant nehmen Sie kurze Stiele Flieder, dazu den zierlicheren Chinesischen Flieder sowie viele andere lila Frühlingsblumen, dazu Kräuter (z.B. Rosmarin). Alle Stiele in einer Hand parallel halten, die Köpfe sind nur leicht versetzt. Dann die Stiele mit beiden Händen wie ein Mikadobündel verdrehen und an der dünnsten Stelle mit Bast nicht zu fest zusammenbinden. Den Duftstrauß ins Wasser stellen und mit zartem, lila Zubehör arrangieren.

LIEBLICHES MAIGLÖCKCHEN

Mit den begehrten Frühlingsblumen duftende Geschenke zaubern

Traditionell ist das Maiglöckchen ein Symbol für Glück und Liebe. Ob das der Grund ist, weshalb Maiglöckchen so beliebt sind, vor allem als Brautschmuck? Oder eher, weil es zu Beginn des Wonnemonats Mai blüht? Weil es reinweiße Blüten hat? Weil es mit seinen Blütenglöckchen, die wie Perlen auf der Schnur sitzen, so charmant und liebreizend aussieht? Weil es als Herzstärkungsmittel in früheren Zeiten einen guten Ruf hatte? Weil die »Lilie des Tales«, wie der englische Name sie beschreibt, bescheiden in schattigen Tallagen wächst? Oder weil das Maiglöckchen einfach nur verschwenderisch süß duftet? Wahrscheinlich ist es von allem etwas. Aber der Duft ist wirklich einzigartig!

SIE BRAUCHEN *(Bild 1):*

- *Maiglöckchen (etwa die Menge von 10 Bündchen) mit Blättern*
- *1 Stiel Schneeball*
- *Tüllband, Bouillondraht, Perlen*
- *Vase*

Alternative (Bild 2):

- *1 Bund Maiglöckchen*
- *Maiglöckchenparfum*
- *1 kleinen Karton*
- *1 Plastik-Orchideenröhrchen*
- *rosafarbene Schleierblätter*
- *Klebstoff*
- *Tüll- und Organzaband, Perlen, goldener Bouillondraht, goldene Verzierungen (hier: Drahtspiralen)*
- *gebleichte Sisalfaser*

1 Die einfachste Art, einen dicken Maiglöckchenstrauß zu binden, ist das Zusammenfassen von vielen fertigen oder selbst vorbereiteten Maiglöckchenbündchen. Für die Bündchen nehmen Sie immer rund 10 Blütenrispen parallel in die Hand, umlegen diese mit 4–5 Maiglöckchenblättern und wickeln wie bei einem Bund Petersilie einen Bindfaden darum. Das Ende des Fadens zwischen die Stiele ziehen.
Aus etwa 10 solcher Bündchen lässt sich mit fülligem Beiwerk, z.B. ein paar »Schneebällen«, ein richtig knuffiger Strauß formen. Entweder stellen Sie Bündchen und Beiwerk lose in eine breite Bechervase oder Sie fassen sie in der Hand zusammen und binden mit Bast ab. Eine Umrandung mit luftigem Tüllband und Perlendraht verleiht dem Strauß einen festlichen Touch.

2 Das Geschenk für Maiglöckchen-Fans! Umwickeln Sie ein schlichtes Pappkistchen mit weißem Tüllband und kleben Sie darauf schuppenartig rosafarbene Schleierblätter. Die Spitzen zeigen in die gleiche Richtung.
Umwickeln Sie den Karton mit goldenem Bouillondraht, auf den einige Perlchen gezogen sind. Kleiden Sie das Kistchen mit gebleichter Sisalfaser aus und betten Sie darauf den Flakon eines Maiglöckchenparfums und daneben die Verpackung davon. In die Parfumschachtel stecken Sie ein großes Orchideenröhrchen mit Wasser und einem Bund Maiglöckchen.
Ihrer Fantasie ist es überlassen, das Geschenkset nun noch mit Tüll- und Organzaband, Golddraht, Perlen und glitzernden Schmuckteilchen zu verzieren.

Tipp Maiglöckchen sind eine kurzzeitige, dafür aber umso intensiver duftende Blumendekoration. Für manche Menschen ist der Maiglöckchenduft sogar zu intensiv, sodass sie Kopfschmerzen davon bekommen, vor allem, wenn die Blumen am Bett stehen.

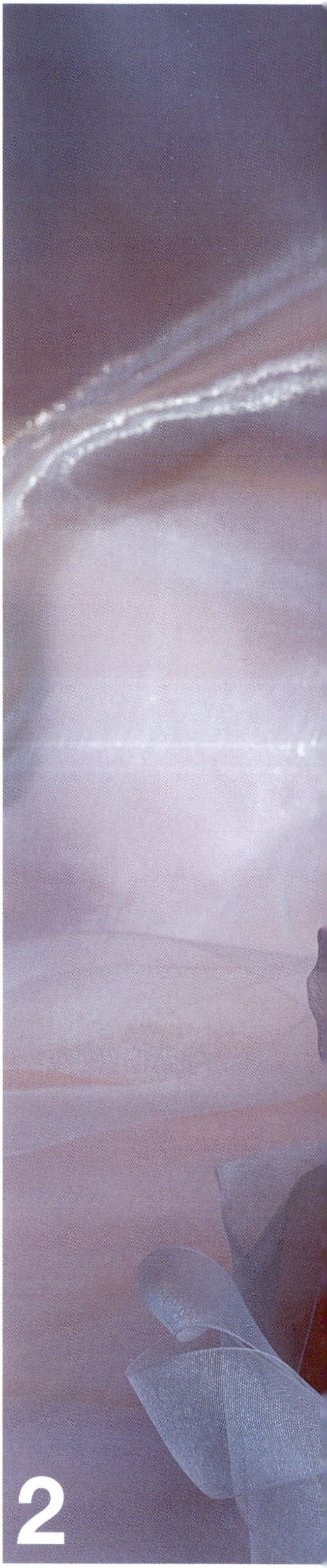

PFINGSTROSE, WICKE, LEVKOJE

Pur oder gemischt – mit Duftblüten den Frühling ins Haus holen

Die Pfingstrose blüht im Spätfrühling, Ende Mai, meist erst im Juni, wenn vieles in Garten und Natur schon sommerlich wirkt. Dennoch gehört die »Rose ohne Dornen« eindeutig zum Frühling. Ihr Duft ist intensiv, aber auch elegant und nicht aufdringlich. Für floristische Zwecke ist sie auf vielerlei Arten einzusetzen. Die prall gefüllten Bauernpfingstrosen sind in halbgeöffnetem Zustand schon so prächtig, dass sie als einzelne Blüte, zum Beispiel in eine Spitztüte verpackt, als duftendes Mitbringsel verschenkt werden können. Die zahlreichen Blütenblätter haben noch einen Vorteil: Wenn man sie auseinanderzupft, hat man ganz schnell eine genügende Menge Streublumen für eine Hochzeit zusammen. Mit einigen pfeffrig riechenden Levkojen, zartblumig duftenden Wicken und aromatischen Kräutern wird daraus ein attraktives Duftblütenpotpourri.

SIE BRAUCHEN *(Bild 1):*

- *halboffene, duftende Pfingstrosen*
- *verschiedene Spitztüten (aus Laminierfolie, Metall, Papier, Sisalfaser etc.), fertig gekauft oder selbst gemacht*
- *pro Blüte 1 Plastik-Orchideenröhrchen*
- *schlichtes Glasgefäß*
- *zum Drapieren: Organzastoffe und -bänder*
- *Sisalfaser*

Alternative (Bild 2 + 3):

- *Petalen (= Blütenblätter) von Duftblüten, z.B. Pfingstrose, Levkoje, Duftwicke, Flieder, Rose*
- *Duftkräuter wie Rosmarin und Thymian*
- *Myrtenzweiglein (mit oder ohne Blüten)*
- *Steckdraht, Silberdraht*
- *großer Glasteller*

1 Besorgen Sie sich verschiedene Spitztüten, die Ihnen gefallen. Sie können sie auch noch nach Geschmack verändern, etwa bemalen oder mit verschiedenen Materialien umwickeln oder bekleben. Es gibt tausend Variationen! Wenn Sie auch die Unterlagen selbst herstellen möchten, nehmen Sie einen Pappkreis und kleben oder tackern ihn zum Kegel zusammen.
Stecken Sie eine dicke Pfingstrosenblüte in ein Orchideenröhrchen, umwickeln Sie dieses mit Sisalfaser und schieben Sie es in eine Spitztüte.
Einzeln ist solch eine Spitztüte als Mitbringsel geeignet; mehrere bilden ein hübsches, duftendes Tischarrangement.

2 + 3 Frühlingsblüten-Duftpotpourri mit Pfingstrosen. Stellen Sie die Farben nach Ihren Vorlieben zusammen, denn »auch das Auge riecht mit«. Hier sehen Sie eine zarte Mischung in kühlen Farbtönen rund um Weiß-Rosa-Lila-Pink. Blütenblätter auf Glasteller streuen.
Für zusätzliche Schmuckformen umwickeln Sie kleine Draht-Kränzchen oder -Herzchen mit Duftkräutern und Myrte, binden Rosmarin zu Bündelchen oder fädeln einzelne Blütenblätter auf Silberdrahtgirlanden. Pfingstrosen trocken langsam und behalten noch eine ganze Weile ihren seidigen Schimmer.

3

VERONIKA, DER LENZ IST DA...

NARZISSENFEUERWERK
Kleinere Blumen einer Farbe in großer Menge zusammenbinden
SCHNEEBALL & CO
Aus rundlichen Blütenformen ausladende Frühlingssträuße kreieren
RHODODENDRONPRACHT
Unseren üppigsten Frühjahrsblüher in Gefäßen zur Geltung bringen
CLEMATISRANKEN
Mit frühblühenden Ranken die lebendige Kraft des Frühlings darstellen

So zaghaft die ersten Blüten und Blätter sich zu Beginn des Frühlings ans Licht wagen, irgendwann geht dann alles sehr schnell. Viele Frühjahrsblüher haben eine kurze Blütezeit, aber es blühen immer mehrere verschiedene Arten parallel. Und es werden mehr und mehr, immer mehr verschiedene Blüten sprießen und es kommen größere Arten zu den kleinen. Die Bäume und Sträucher treiben Blüten und Blätter, es grünt und blüht überall in Hülle und Fülle. Der Vollfrühling im April und Mai hat das karge Anfangsstadium längst überwunden und wird richtig üppig mit voller Wachstumskraft und prallen Formen.
Wir möchten am liebsten alle unsere Vasen mit dieser Blütenpracht bestücken, um auch im Haus die Fülle des Frühlings zu genießen.

1

NARZISSEN-FEUERWERK

Kleinere Blumen einer Farbe in großer Menge zusammenbinden

Um Fülle in einem Strauß zu zeigen, bedarf es nicht unbedingt fülliger Blütenformen. Auch mit kleineren Blumen ist das möglich. Dann muss aber die Menge stimmen. Tulpen oder Narzissen? Am besten einen ganzen Arm voll davon! Und dazu die Vase mit weiter Öffnung, damit sich die Blumen zu einer ausladenden Straußform entfalten können. Am besten alle in einer Farbe – Gelb ist ideal. Das kommt der Absicht, Spritzigkeit und Üppigkeit darzustellen, sehr entgegen.

Der Gemeine Besenginster, der zur Blütezeit als »Eifelgold« den Landstrich zwischen Köln und Trier verzaubert, ist erst recht zum Schwelgen geeignet. Die dünnen Ruten ragen weit aus der Vase heraus, die gelben Schmetterlingsblüten funkeln im Sonnenlicht. Auch wenn er als Schnittblume nicht sehr lange hält – er ist die Mühe allemal wert.

SIE BRAUCHEN *(Bild 1 + 2):*

- *einen Arm voll Osterglocken, andere gelbe Narzissen, gelbe Tulpen (gefüllt)*
- *Buchsbaum*
- *Drahtring, Wickeldraht, Steckdraht*
- *Glaspokal*

Alternative (Bild 3):

- *Besenginster (lange Ruten)*
- *schwere Bodenvase, farblich passend*

1 + 2 Stellen Sie so viele gelbe Narzissen und Tulpen in den Glaspokal wie hineinpassen. Laub unter Umständen stark reduzieren, damit sich vorrangig das strahlende Gelb entfalten kann. Einen externen Grünakzent setzen Sie mit einem Buchskränzchen. Der Buchs wird hierfür mit Wickeldraht auf einen Drahtring gebunden. Den Kranz hängen sie mit 4–5 S-förmigen Drahthaken einfach an den Rand des Pokals.

3 Einen fantastischen Anblick bietet eine hohe Bodenvase, aus der sich wie ein Feuerwerk Ginsterzweige ausbreiten. Nur Ginster wird benötigt – mehr nicht! Eine besondere Technik ist nicht erforderlich. Nur sollten Sie die Zweige unten putzen, die Stiele schräg anschneiden und tief ins Wasser stellen.

Tipp Narzissen sondern nach frischem Anschnitt giftigen Schleim aus. Deshalb in gewünschter Länge abschneiden und über Nacht zunächst separat ins Wasser stellen. Danach vertragen sie sich – in neuem Wasser – auch mit anderen Blumen.

3

SCHNEEBALL & CO

Aus rundlichen Blütenformen ausladende Frühlingssträuße kreieren

Wohl dem, der einen Garten hat und für seinen Blumenschmuck aus dem Vollen schöpfen kann. Aber auch im eigenen Garten wächst nicht alles. Und so kommen wir ganz schnell zu der Erkenntnis, dass die Blumengeschäfte eine wichige Funktion ausüben. Wir können auch über die natürliche Blütezeit hinaus Arten und Qualitäten von Blumen auswählen und in gewünschter Menge erwerben. Es gibt Anregungen und Austausch, interessierte Kunden sind immer gern gesehen.

Wer die nachfolgenden Ideen aufgreifen möchte, sollte die Blumen beim Floristen bestellen: lauter langstielige Schnittblumen des Frühlings, mit denen sich Üppigkeit darstellen lässt, darunter überwiegend große, runde Schalenblüten und kugelige Blütenformen. Die wachsen nicht unbedingt alle gleichzeitig im Garten!

3 Bei entsprechend großer Menge Blumen können diese auch ohne technische Hilfsmittel in einer (möglichst nicht zu glattwandigen) Vase arrangiert werden. Fangen Sie mit den kräftigsten Stielen und holzigen Zweigen an, zum Beispiel mit Schneeball, Flieder und Pfingstrose. Die ersten dürfen sich am Rand anlehnen, die weiteren stehen schon mehr aufrecht und je mehr Sie die Vase füllen, desto sicherer bleiben die Blumen in der gesteckten Position. Die weicheren Stiele nehmen Sie zum Schluss, zum Beispiel Freesie, Anemone und Ranunkel. Zur Mitte hin ordnen Sie die längsten Stiele an, sodass ein leicht gewölbter Straußumriss entsteht. Achten Sie auch bei jeder Blume darauf, wie sie gewachsen ist: Gebogene Stiele kommen nach außen, gerade mehr in die Mitte.

SIE BRAUCHEN *(Bild 1 + 2):*

- *großblütige Blumen wie Pfingstrose, Schneeball, Flieder, Hortensie*
- *mittelgroße Blumen wie Ranunkel, Hasenglöckchen, Veronika*
- *Clematisranken, Funkienblätter*
- *Tellergerüst aus Trockenranken*
- *Steckdraht, Bindebast*
- *Vase mit weiter Öffnung*

Alternative (Bild 3):

- *gemischte langstielige Schnittblumen, z.B. Pfingstrose, Schneeball, Flieder, Anemone, Freesie, Veronika, Hasenglöckchen, Ranunkel, Islandmohn*
- *schwere, standfeste Keramikvase*

1 + 2 Kaufen Sie ein fertiges Tellergerüst aus Trockenranken oder nehmen Sie einfach einen Rankenkranz, den Sie mit sternförmig durchgesteckten Hartriegel- oder Weidenruten erheblich verbreitern können. Befestigen Sie an vier Stellen Steckdraht unter dem Gerüst und fassen Sie die Drähte in der Mitte zu einem Griff zusammen.
Zwischen den Ranken können Sie nun mit der anderen Hand von oben Ihre Schnittblumen durchstecken. Die Blüten liegen locker auf dem Tellergerüst auf. Stiele und Drähte mit Bast binden. Strauß auf dem Vasenrand aufsitzen lassen.

Tipp Gerüste aus Trockenmaterialien haben einen Vorteil: Mit vergleichsweise wenigen Blumen erzielt man eine beeindruckend üppige Wirkung. Solche Gerüste sind außerdem viele Male wiederverwendbar.

3

RHODODENDRON-PRACHT

Unseren üppigsten Frühjahrsblüher in Gefäßen zur Geltung bringen

Rhododendronzeit ist im April. Dann blühen die meisten der großblumigen Hybriden des »Rosenbaums« (von griechisch rhodo = Rose, dendron = Baum) vorwiegend in Rosa-Lila-Tönen und in Weiß. Die fantastischen, riesigen Blütenbälle sind aber keine Einzelblüte, sondern Blütenstände, die sich aus mehreren trichterförmigen oder glockenartigen Blüten zusammensetzen. Sowohl die Blüten als auch die Blätter sind im abgeschnittenen Zustand sehr lange haltbar. Trotzdem sind Rhododendren nicht als Schnittware im Handel. Wir müssen sie wohl oder übel vom eigenen Strauch schneiden. Schon mit drei, vier Stück lässt sich die Üppigkeit der Blütenbälle ausdrucksstark in Szene setzen. Wer mehr erübrigen kann, setzt viele Bälle zu einer neuen prallen Form zusammen.

selbst bestimmen, in welcher Position die Blüten halten sollen, um ihre »Schokoladenseite« zu zeigen. Einen Korkenzieherhaselzweig dazustecken, Wasser einfüllen – so einfach geht das!

3 Viele Blüten dicht zusammen steigern die Wirkung von Üppigkeit. Nehmen Sie eine standfeste, hohe Bodenvase und hängen Sie einen kürzeren Plastikeinsatz in die Öffnung. Falls nötig, stopfen Sie den unteren Bereich der Mantelvase mit Füllmaterial (Papier, Folie, Steine etc.) aus. Sie können die kurzstieligen Rhododendronblüten entweder lose in den wassergefüllten Einsatz stellen, so dicht, dass sie sich gegenseitig festhalten. Oder Sie klemmen etwas gewässerte Frischsteckmasse in den Einsatz, sodass zumindest einige der Stiele hier Extra-Halt finden. Um zwischen Gefäß und Blumen eine Verbindung zu schaffen, kann man zum Beispiel das Material aufgreifen: Zum Korbgeflecht passt feine Sisalfaser, die ganz leicht über die Blütenkuppel gezogen wird. Wasser bis zum Rand auffüllen.

SIE BRAUCHEN *(Bild 1 + 2):*
- *Zinkkasten*
- *Schieferschindeln*
- *4-5 Rhododendronzweige*
- *1-2 Korkenzieherhaselzweige*

Alternative (Bild 3):
- *10–15 Rhododendronzweige in Rosatönen*
- *gebleichte Sisalfaser*
- *Korb-Bodenvase mit schwerem Metallfuß*
- *Kunststoffeinsatz*
- *evtl. Frischsteckschaum*

1 + 2 Um die üppigen Blütenkugeln vom Rhododendron einzeln zur Geltung zu bringen, bedarf es einer Hilfskonstruktion. Denn der kurze Blütenstiel ist fast nur für Glasröhrchen oder Steckschaum geeignet. Längere Zweige sind gekrümmt und die Blüten damit sehr kopflastig. In einer normalen Vase kippen sie und zeigen die weniger schöne Rückseite. Wenn sie aber wie hier in ein Kastengefäß zwischen Schieferplatten eingeklemmt werden, kann man

Tipp Sie können wählen: Lassen Sie bei Rhododendronzweigen die obersten Laubblätter am Stiel, haben Sie einen prächtigen, grünen Strahlenkranz um die Blütenkugel. Entfernen Sie diese Blätter, bleibt Blütenfarbe pur.

2

CLEMATISRANKEN

Mit frühblühenden Ranken die lebendige Kraft des Frühlings darstellen

Unter den rankenden Gewächsen findet sich kaum etwas, das eindeutig mit Frühling verbunden wird. Efeu scheint sich das ganze Jahr nicht zu verändern. Viele Kletterpflanzen fangen erst spät an auszutreiben, die meisten blühen erst im Sommer. Eine Art aber, die Bergwaldrebe (*Clematis montana*), hat nicht nur besonders reizende, kleine, hellrosa Sternchenblüten. Sie zeigt sie auch schon früh genug, nämlich im April, um als Vertreter des Frühlings gelten zu dürfen. Sollen die Ranken für ein Blumenarrangement geschnitten werden, müssen sie sofort in Wasser gestellt oder gelegt werden, sonst welken sie schnell. Am besten plant man gleich ein Werkstück, das großzügig mit Wasser umgeht, zum Beispiel ein Miniteich, in dem sich die Blüten und der blaue Frühlingshimmel widerspiegeln.

SIE BRAUCHEN *(Bild 1):*

- *große Schale (hier: Metallschale, Ø ca. 80 cm)*
- *verschiedene Ranken, z.B. von Efeu, Clematis, Staudenwicke*

Alternative (Bild 2 + 3):

- *Terrakottaschale*
- *Trockenranken-Kugel, Ø ca. 20 cm*
- *kleinere Rankenkugeln zur Deko*
- *3 Rosen*
- *blühende Clematisranken*
- *einige Bronzeblätter (Galax)*

1 Halten Sie nach einer wenigstens 80 cm großen, wasserdichten Schale oder Wanne Ausschau. Vielleicht kann Ihnen Ihr Florist auch eine besorgen. Die Größe ist deshalb interessant, weil die zu einem lockeren Ring gelegten und gewundenen Efeu- und Clematisranken in der Mitte soviel sichtbare Wasserfläche belassen, dass man noch einzelne Clematisblüten darauf schwimmen lassen kann. Reizvoll sind auch Schwimmkerzen für ein abendliches Schauspiel.
Sind nicht genügend Blüten an den Ranken, stecken Sie ruhig einige kurzstielige Blüten, zum Beispiel Wicken, schräg durch den Kranz ins Wasser. Ein langhaltendes Arrangement (je kühler, desto länger hält es.)!

2 + 3 Als Tischgesteck, etwa für den Rand eines ländlichen Büffets, eignet sich diese Dekorationsidee mit frühblühender Clematis.
Eine fertige Trockenrankenkugel, auf die wassergefüllte Terrakottaschale gelegt, dient als Steckhilfe und Gestaltungselement gleichermaßen. Stecken Sie drei Blumen schräg durch die Kugel ins Wasser (wenn es wie hier Rosen sind, dann heißt das, es geht stracks auf den Sommer zu).
Verfahren Sie ebenso mit Bronzeblättern sowie einigen Clematisranken, deren Enden Sie dann um das Gesteck drapieren. Ein paar kleinere Rankenbälle, die sich locker dazu gesellen, greifen Material und Form der Steckkugel nochmal auf.

2

3

PFLANZENNAMEN

Deutsch	Botanisch
Akelei	*Aquilegia vulgaris*
Anemone	*Anemone coronaria*
Apfelbaum	*Malus domestica*
Azalee, Topfazalee	*Rhododendron simsii*
Beinwell	*Symphytum officinale*
Bergenie	*Bergenia cordifolia*
Besenginster	*Cytisus scoparius*
Birnbaum	*Pyrus communis*
Blauschwingel	*Festuca glauca*
Bohne, Mungobohne	*Vigna radiata*
Bohne, Sojabohne	*Glycine max*
Bronzeblatt, Galax	*Galax urceolata*
Buchsbaum	*Buxus sempervirens*
Butterblume, Hahnenfuß	*Ranunculus repens*
Clematis, Waldrebe	*Clematis montana*
Dichter-Narzisse	*Narcissus poeticus*
Efeu	*Hedera helix*
Erdbeere, Walderdbeere	*Fragaria vesca*
Farn, Wurmfarn	*Dryopteris filix-mas*
Fingerkraut	*Potentilla*
Flieder, Chinesischer	*Syringa × chinensis*
Flieder, Gartenflieder	*Syringa vulgaris*
Flockenblume	*Centaurea montana*
Forsythie	*Forsythia × intermedia*
Freesie	*Freesia*
Frühlings-Gedenkemein	*Omphalodes verna*
Funkie	*Hosta*
Gänseblümchen, Tausendschön	*Bellis perennis*
Gagelstrauch, »Moorbirke«	*Myrica gale*
Goldlack	*Erysimum cheiri*
Gundermann	*Glechoma hedericifolia*
Günsel	*Ajuga reptans*
Hartriegel	*Cornus*
Hasel	*Corylus*
Hasenglöckchen	*Hyacinthoides hispanica, H. non-scipta*
Heiligenkraut	*Santolina chamaecyparissus*
Hornkraut	*Cerastium tomentosum*
Hortensie	*Hydrangea macrophylla*
Hyazinthe	*Hyacinthus orientalis*
Islandmohn	*Papaver nudicaule*
»Katzengras« (= Weizen)	*Triticum*
Korkenzieherhasel	*Corylus avellana 'Contorta'*
Kresse, Gartenkresse	*Lepidium sativum*
Kriechwacholder	*Juniperus horizontalis*
Krokus	*Crocus*
Küchenschelle	*Pulsatilla vulgaris*
Leberblümchen	*Hepatica nobilis*
Lenzrose, Christrose	*Helleborus niger*
Levkoje	*Matthiola incana*
Lungenkraut	*Pulmonaria officinalis*
Maiglöckchen	*Convallaria majalis*
Margerite, Wiesenmargerite	*Leucanthemum vulgare*
Moossteinbrech	*Saxifraga × arendsii*
Mühlenbeckie	*Muehlenbeckia axillaris*
Myrte, Brautmyrte	*Myrtus communis*
Narzisse	*Narcissus*
Nelkenwurz	*Geum coccineum*
Osterglocke, Gelbe Narzisse	*Narcissus pseudonarcissus*
Pfingstrose	*Paeonia lactiflora*
Polsterglockenblume	*Campanula porscharskyana*
Porzellanblümchen	*Saxifraga umbrosa*
Primel, Kissenprimel	*Primula vulgaris*
Purpurglöckchen	*Heuchera macrantha*
Ranunkel	*Ranunculus asiaticus*
Ranunkelstrauch	*Kerria japonica*
Rhododendron (Großblumige Hybriden)	*Rhododendron*
Rose	*Rosa*
Rose, Vielblütige	*Rosa multiflora*
Rosmarin	*Rosmarius officinalis*
Scheinmohn	*Meconopsis betonicifolia*
Schleifenblume	*Iberis sempervirens*
Schlüsselblume	*Primula veris*
Schneeball	*Viburnum opulus*
Sisal	*Agave sisalana*
Stiefmütterchen	*Viola × wittrockiana, V. tricolor*
Stinkende Nieswurz	*Helleborus foetidus*
Thymian	*Thymus vulgaris*
Tränendes Herz	*Dicentra spectabilis*
Traubenhyazinthe, Perlhyazinthe	*Muscari armeniacum, M. botryoides*
Tulpe	*Tulipa*
Veilchen, Märzveilchen	*Viola odorata*
Vergissmeinnicht	*Myosotis sylvatica*
Veronika (Schnittblume)	*Pseudolysimachion spicatum (syn. Veronica spicata)*
Veronika, Frühlings-Ehrenpreis	*Veronica verna*
Waldmarbel (Grasblüten)	*Luzula sylvatica*
Waldmeister	*Galium odoratum*
Waldwindröschen, Hohes Windröschen	*Anemone sylvestris*
Weidenkätzchen, Salweide	*Salix caprea*
Weizen	*Triticum*
Wicke, Duftwicke	*Lathyrus odoratus*
Winterling	*Erantis hycmalis*
Zwergmispel	*Cotoneaster*
Zwiebel, Küchenzwiebel	*Allium cepa*

PFLANZENNAMEN

Botanisch	Deutsch
Agave sisalana	Sisal
Ajuga reptans	Günsel
Allium cepa	Zwiebel, Küchenzwiebel
Anemone coronaria	Anemone
Anemone sylvestris	Waldwindröschen, Hohes Windröschen
Aquilegia vulgaris	Akelei
Bellis perennis	Gänseblümchen, Tausendschön
Bergenia cordifolia	Bergenie
Buxus sempervirens	Buchsbaum
Campanula porscharskyana	Polsterglockenblume
Centaurea montana	Flockenblume
Cerastium tomentosum	Hornkraut
Clematis montana	Clematis, Waldrebe
Convallaria majalis	Maiglöckchen
Cornus	Hartriegel
Corylus	Hasel
Corylus avellana 'Contorta'	Korkenzieherhasel
Cotoneaster	Zwergmispel
Crocus	Krokus
Cytisus scoparius	Besenginster
Dicentra spectabilis	Tränendes Herz
Dryopteris filix-mas	Farn, Wurmfarn
Eranthis hyemalis	Winterling
Erysimum cheiri	Goldlack
Festuca glauca	Blauschwingel
Forsythia × intermedia	Forsythie
Fragaria vesca	Erdbeere, Walderdbeere
Freesia	Freesie
Galax urceolata	Bronzeblatt, Galax
Galium odoratum	Waldmeister
Geum coccineum	Nelkenwurz
Glechoma hedericifolia	Gundermann
Glycine max	Sojabohne
Hedera helix	Efeu
Helleborus foetidus	Stinkende Nieswurz
Helleborus niger	Lenzrose, Christrose
Hepatica nobilis	Leberblümchen
Heuchera macrantha	Purpurglöckchen
Hosta	Funkie
Hyacinthoides hispanica, H. non-scipta	Hasenglöckchen
Hyacinthus orientalis	Hyazinthe
Hydrangea macrophylla	Hortensie
Iberis sempervirens	Schleifenblume
Juniperus horizontalis	Kriechwacholder
Kerria japonica	Ranunkelstrauch
Lathyrus odoratus	Wicke, Duftwicke
Lepidium sativum	Kresse, Gartenkresse
Leucanthemum vulgare	Margerite, Wiesenmargerite

Botanisch	Deutsch
Luzula sylvatica	Waldmarbel (Grasblüten)
Malus domestica	Apfelbaum
Matthiola incana	Levkoje
Meconopsis betonicifolia	Scheinmohn
Muehlenbeckia axillaris	Mühlenbeckie
Muscari armeniacum, M. botryoides	Traubenhyazinthe, Perlhyazinthe
Myosotis sylvatica	Vergissmeinnicht
Myrica gale	Gagelstrauch, »Moorbirke«
Myrtus communis	Myrte, Brautmyrte
Narcissus	Narzisse
Narcissus poeticus	Dichter-Narzisse
Narcissus pseudonarcissus	Osterglocke, Gelbe Narzisse
Omphalodes verna	Frühlings-Gedenkemein
Paeonia lactiflora	Pfingstrose
Papaver nudicaule	Islandmohn
Potentilla	Fingerkraut
Primula veris	Schlüsselblume
Primula vulgaris	Primel, Kissenprimel
Pseudolysimachion spicatum (syn. Veronica spicata)	Veronika (Schnittblume)
Pulmonaria officinalis	Lungenkraut
Pulsatilla vulgaris	Küchenschelle
Pyrus communis	Birnbaum
Ranunculus asiaticus	Ranunkel
Ranunculus repens	Butterblume, Hahnenfuß
Rhododendron	Rhododendron (Großblumige Hybriden)
Rhododendron simsii	Azalee, Topfazalee
Rosa	Rose
Rosa multiflora	Rose, Vielblütige
Rosmarius officinalis	Rosmarin
Salix caprea	Weidenkätzchen, Salweide
Santolina chamaecyparissus	Heiligenkraut
Saxifraga umbrosa	Porzellanblümchen
Saxifraga × arendsii	Moossteinbrech
Symphytum officinale	Beinwell
Syringa vulgaris	Flieder, Gartenflieder
Syringa × chinensis	Flieder, Chinesischer
Thymus vulgaris	Thymian
Triticum	Weizen
Triticum	»Katzengras« (= Weizen)
Tulipa	Tulpe
Veronica verna	Veronika, Frühlings-Ehrenpreis
Viburnum opulus	Schneeball
Vigna radiata	Mungobohne
Viola odorata	Veilchen, Märzveilchen
Viola × wittrockiana, V. tricolor	Stiefmütterchen

GLOSSAR

Andrahten: Auf einen Blumenstiel oder ein Büschel Grün einen U-förmig gebogenen Floristendraht legen und mit dem längeren Drahtende mehrmals um Stiel und Drahtbogen fest wickeln, ein oder beide Drahtenden nach unten laufen lassen. So entsteht eine biegsame, stabile Stielverlängerung.
Anklopfen: Einige holzige Stiele wie Flieder kann man zusätzlich zum schrägen Anschnitt mit einem gezielten Hammerschlag am Stielende spalten, das soll die Wasseraufnahme noch verbessern.
Anschneiden: Nach jedem Transport ohne Wasser wird bei Schnittblumen stets mit einem scharfen, glatten Küchen- oder Floristenmesser das unterste Stück vom Stiel schräg abgeschnitten, bevor sie ins Vasenwasser gestellt werden. So können sie am besten Wasser aufnehmen.
Arbeitsunterlage: Für Schmutzarbeiten, zum Beispiel Pflanzungen mit Erde oder Putzen von großen Mengen Schnittblumen, legt man am besten eine starke Plastikplane oder Ähnliches als Schutz auf Tisch oder Boden.
Beiwerk: Sammelbegriff für natürliches Zubehör im Blumenarrangement, weitere Begriffe sind Schnittgrün, Blattwerk, Grünzweige, botanisches Beiwerk, Grün.
Bindebast: Naturbast (Raffia-Bast), ungefärbt oder gefärbt, zum Binden von Sträußen, am besten immer mehrere Stränge gleichzeitig verwenden, daneben gibt es auch Bindebast aus Kunststoff, meist in Grün und auf Rollen oder im Spender erhältlich.
Blumenschere: siehe Rosenschere
Bouillondraht: Dünner, spiralig gedrehter Draht auf Plastikspulen, meist in Grün, Braun, Gold, Silber und Kupfer erhältlich; glitzernde, dekorative Wirkung.
Bündchen: Besonders im Frühling werden fertige kleine Bündchen (Bellis, Veilchen etc.) im Blumenladen angeboten, die man so wie sie sind in die Vase stellt oder verschenkt.
Bundware: Schnittblumen-Verkaufseinheit meist in Folie zu 10 oder 20 Stück, oft preiswerte Angebote im Blumengeschäft und auf dem Markt, unbearbeitet, d.h. die Stiele müssen noch gesäubert werden.
Einkaufsquellen: Blumen und alle Utensilien zum Arrangieren bekommen Sie im Prinzip im Blumengeschäft. Wenn etwas nicht vorrätig ist und nicht besorgt werden kann, ist man Ihnen bei der Suche gewiss behilflich.
Floral-Kaltkleber: Spezialkleber für Floristen, mit dem sich auch frische Blüten und Blätter problemlos kleben lassen.
Floristendrähte: Alle Arten von technischen und dekorativen Drähten, die in der Floristik verwendet werden.
Floristenwerkzeug: Auch Floristenbesteck genannt, Grundausstattung bestehend aus Rosenschere, Messer, Drahtschere/Seitenschneider, Haushaltsschere, Bindebast. Darüber hinaus können weitere Werkzeuge wie Heißklebepistole und Bohrmaschine sowie Hilfsmittel wie Gießkanne, Wasserzerstäuber, Spritzflasche, Drähte und Steckschaum gemeint sein. Auch Hobbyfloristen sollten sich mit der Zeit eine solche Ausrüstung anschaffen.
Folie: Zum Auslegen von nicht wasserdichten Gefäßen wie zum Beispiel Körben sollte man Blumengeschenkfolie oder eine andere feste Kunststoff-Folie nehmen, jedoch keine normale Haushaltsfolie. Für besonders große Flächen oder starke Beanspruchung eignet sich dünne Teichfolie.
Frischhaltemittel: Auch Schnittblumennahrung genannt, Pulver oder Flüssigkeit, wird nach Gebrauchsanweisung dem Vasenwasser beigegeben. Es enthält vereinfacht ausgedrückt Zucker als Energielieferant sowie bakterienhemmende Substanzen und kann die Haltbarkeit von Schnittblumen verbessern. Es gibt auch spezielle Mischungen zum Beispiel für Gehölze (Flieder) oder Narzissen.
Frischsteckschaum: siehe Steckschaum
Gefäßfüllung: Sammelbegriff in der Floristik für

Werkstücke aus gestellten oder gesteckten Blumen (außer gebundenen Sträußen) in Vasen, Töpfen, Schalen und anderen Gefäßen.
Gimpe: Garnummantelter, dünner Draht, zu verwenden wie dünne Kordel, in vielen Farben erhältlich.
Girlande: In der Floristik formbinderische Arbeit, bei der haltbares Grün oder Blumen auf einen Kordelstrang gewickelt werden. Aber auch lockere Auffädelungen von einzelnen Blüten und Blättern auf Draht werden Girlande oder Kette genannt.
Glasröhrchen: Für floristische Arbeiten eignen sich Standard-Reagenzgläser aus der Apotheke, dünne Glasröhrchen von 1,5 cm Durchmesser und 16 cm Länge. Andere Deko-Glasröhrchen gibt es in verschiedenen Längen, Durchmessern und mit Löchern zum Aufhängen, mit leicht gewölbtem Rand oder mit breitem Kragen. Zu beziehen über Blumenladen oder Bastelbedarf.
Heißklebepistole: Gerät für Heißklebesticks, erhältlich im Baumarkt, siehe Heißkleber.
Heißkleber: Klebstoff in Stangenform, der durch eine Führung in ein Handgerät, die Klebepistole, geschoben, an deren Metallspitze erhitzt und damit verflüssigt wird. Mit Heißkleber lässt sich fast alles in der Floristik kleben, nur frische Blätter und Blüten werden an den »verbrannten« Stellen braun, siehe auch Floral-Kaltkleber.
Kenzan: Japanischer Steckigel aus Metall, nicht ganz billig, aber sehr praktisch.
Konisch: Kegelförmig zulaufend (Konus = Kegel), eine konische Form ist eine sich verjüngende Zylinderform.
Kranzunterlage: Ringformen aus verschiedenen Materialien wie Stroh, Weide, Bandeisen, etc. und in verschiedenen Größen, zum Bestecken, Bekleben, Bewickeln oder Bepflanzen.
Laminierfolie: siehe Laminiergerät
Laminiergerät: Einschweißgerät für spezielle Laminierfolien, erhältlich im Bürobedarfshandel, DIN A4 reicht für floristische Arbeiten wie zum Beispiel Spitztüten mit eingeschweißten Blütenblättern.
Kaninchendraht: Auch Küken-/Hühner-/Hasendraht genannt, sechseckiger Maschendraht, verzinkt, im Baumarkt unter der Bezeichnung »Sechseckgeflecht« erhältlich. Gibt es in verschiedenen Maschenweiten. Für Steckknäuel oder -kugeln sind ca. 2 cm Maschenweite geeignet.
Mono: Unter Floristen ein häufig gebrauchtes Kurzwort, das die Einheitlichkeit des verwendeten Materials in einem Werkstück beschreibt, zum Beispiel Mono-Strauß aus rosa Bellis.
Myrtendraht: Dünner, glatter Schmuckdraht, grün oder braun, gold-, silber- oder kupferfarben, für alle feineren Binde- und Wickelarbeiten in der Floristik.
Nylonschnur: Perlonschnur, sehr zugfeste Kunststoffschnur von der Rolle, im Dekorateur- oder Bastelbedarf erhältlich. Ideal zum fast unsichtbaren Aufhängen von floralen Objekten an der Wand, von der Zimmerdecke oder am Fenster.
Orchideenröhrchen: Plastikröhrchen, die Orchideen und andere trockenheitsempfindliche Blumen auf ihrem Transportweg mit Wasser versorgen, mit Gummideckel und darin ein Loch für den Blumenstiel. Beim Floristen in verschiedenen Größen erhältlich.
Organzaband: Transparentes Schmuckband aus imprägnierten Chemiefasern, z.B. Nylon, Imitation von Organdy, das aus Baumwollbatist besteht. In der floristischen Praxis sind oft beide Begriffe nur auf die Transparenz bezogen.
Perldraht: Dünner, genoppter Schmuckdraht, meist in Gold und Silber erhältlich.
Potpourri: Mischung aus Blüten, Blütenblättern und anderen Pflanzenteilen zu einer farblich interessanten Komposition. Meist gleichzeitig eine Duftkomposition, auch Duftpotpouri genannt, mit eigenem Duft und angereichert durch ätherische Öle. Potpourris können frisch zum Eintrocknen oder gleich aus getrockneten Materialien gemischt sein.

GLOSSAR

Rebdraht: auch Rebenbindegarn oder Papierdekodraht genannt, papierummantelter Bindedraht in Stücken oder von der Rolle, naturbraun oder farbig.
Rosenschere: auch Baumschere oder in leichter, einfacher Ausführung Blumenschere genannt. Im Garten zum Abschneiden von Pflanzenteilen, in der Floristik zum Kürzen von festen Blumenstielen und Zweigen verwendet (kein Ersatz für frischen Anschnitt mit dem Messer!).
Schleierblätter: auch Skelettblätter genannt, Laubblätter von verschiedenen Pflanzen, vor allem *Magnolia grandiflora*. Durch Mazeration (Aufweichen) werden die weichen Teile entfernt, übrig bleibt das Blattgerippe. Schleierblätter gibt es beim Floristen oder in den Trockenblumenabteilungen der Gartencenter, auch gebleicht und gefärbt im Handel.
Silberdraht: silberglänzender, verzinkter Draht in verschiedenen Stärken und Ausführungen, zum Beispiel als Wickeldraht, Myrtendraht, Bouillondraht oder Silberdrahtstücke erhältlich.
Sisalfaser: naturfarbene, gebleichte oder gefärbte Fasern der Sisalagave, beutelweise als Trockenmaterial im Blumengeschäft oder im Bastelbedarf erhältlich.
Spanndraht: glatter, galvanisierter Eisendraht in verschiedenen Stärken (ca. 0,4 – 3 mm), auf der Rolle, mal silberglänzend, mal stumpfgrau, im Baumarkt erhältlich, in der Floristik gut für stabile technische Konstruktionen zu verwenden.
Spritzflasche: Plastikflasche in 250, 500 und 1000 ml mit gebogenem Spritzrohr, ideal zum Befüllen von Reagenzgläsern und anderen Wasserröhrchen, vor allem bei Anordnung über Kopf, erhältlich in Apotheken.
Steckdraht: starker Floristendraht in ca 35 cm langen Stücken, galvanisiert (sieht stumpfmetallischgrau aus), einseitig angespitzt. Der meistgebrauchte ist der »16er«, das heißt 1,6 mm Durchmesser.
Steckschaum: auch Steckschwamm oder Steckmasse genannt, Steckunterlage als Ziegel und in vielen Formen wie Kranz und Herz erhältlich, mit dem Messer schneidbar. Es gibt a) Frischsteckschaum, meist grün, für Schnittblumen, vor Gebrauch aufs Wasser legen und langsam vollsaugen lassen, b) Trockensteckschaum, meist grau, gröber, stabiler, für Trockenblumen.
Struktur: 1. das haptisch erfahrbare Muster z.B. einer Baumrinde, 2. der innere Aufbau einer Konstruktion, z.B. Waben.
Textur: das Muster und die Oberflächenbeschaffenheit eines Gegenstands, zum Beispiel der Verlauf einer Keramikglasur, das Ringmuster einer Baumscheibe, die seidige Textur eines Schleifenbands usw., Textur und Struktur gehen oft ineinander über.
Trockenranken: feines Trockengerank wird unter Floristen auch »Muehlenbeckiagerank« genannt; drahtige trockene Ranken in Knäueln oder Wülsten im Handel, natur-dunkelbraun oder gebleicht, als Füll- und Steckmaterial vielseitig einsetzbar.
Trockenmaterialien: Sammelbegriff in der Floristik für getrocknete Pflanzenteile von Blüten, Blättern, Gräsern, Zapfen und holzigen Exoten.
Wasserröhrchen: auch Steckröhrchen genannt, siehe auch Glasröhrchen und Orchideenröhrchen.
Wasserzerstäuber: Sprühflaschen mit unterschiedlicher Pumptechnik, praktisch um Werkstücke einzunebeln. Die erhöhte Luftfeuchtigkeit setzt die Verdunstung der Blumen herab, sodass sie länger halten. Je feiner der Sprühnebel, desto besser, nur für sehr wasser- oder tropfenempfindliche Blüten nicht geeigne.t
Werkstück: in der Floristik Fachbegriff für das fertige floristische Gebinde/Arrangement.
Wickeldraht: glatter, galvanisierter oder kunststoffummantelter Eisendraht (0,4-0,6 mm) auf Holz gerollt, in der Floristik am häufigsten zum Wickeln von Kränzen gebraucht.

SCHNITTBLUMEN-PFLEGE

Schnittblumen sind von dem sie versorgenden Wurzelsystem getrennt. Ihre maximale Lebensdauer ist je nach Art und Sorte begrenzt. Die meisten halten in der Vase ein paar Tage bis eine Woche, einige auch länger. Um die naturbedingte Haltbarkeit optimal auszuschöpfen, gilt es, die wichtigsten Pflegebedingungen zu beachten. An erster Stelle steht die Wasserversorgung kombiniert mit Verdunstungsschutz.

• Schon beim Einkauf auf gesund aussehende Ware achten. Lassen Sie sich vom Floristen Ihres Vertrauens beraten.

• Unterwegs Stressfaktoren wie Kälte, Wind, Hitze, Sonneneinstrahlung möglichst vermeiden. Schutz bietet eine gute Verpackung in Papier. Den Transport außerdem so kurz wie möglich halten. Dauert er Stunden, fragen Sie im Geschäft nach einer Transportverpackung (z.B. feuchter Wattebeutel oder nasse Steckmasse).

• Lassen Sie Schnittblumen (egal ob aus dem Blumenladen oder dem Garten) nicht längere Zeit ohne Wasser liegen. Die meisten Schnittblumen reagieren sehr empfindlich auf eindringende Luft in den Stiel. Schneiden Sie nach jedem – auch noch so kurzen – Transport mit einem scharfen, glatten Messer das unterste Stielstück schräg ab und stellen Sie die Blumen sofort ins Wasser.

• Die einzige Alternative zum Messer ist eine Ikebana-Schere. Damit lassen sich die einzelnen Blumen auch sehr gut unter Wasser anschneiden – übrigens die beste Methode. Aber: Blumen niemals mit einer Haushaltsschere abschneiden, denn diese quetscht bloß die Leitungsbahnen zusammen. Dadurch wird die Wasseraufnahme stark behindert!

• Schnittblumen außerdem putzen, d.h., von überflüssigem Blattwerk, Seitentrieben und Stacheln etwa im unteren Drittel des Stiels befreien. Das vermindert die Verdunstung und verhindert übermäßige Bakterienbildung durch faulende Blätter im Vasenwasser.

• Vom Transport dennoch schlapp gewordene Blumen sind oft noch zu retten, indem sie angeschnitten, dicht in Zeitungspapier gerollt und für ein paar Stunden tief in lauwarmes Wasser eingestellt oder gleich ganz in die Badewanne gelegt werden.

• Richtig nach Anweisung dosiert, hält Blumenfrischhaltemittel das Wasser klar (Glasvasen!) und erspart tägliches Anschneiden und Wasserwechseln. Darüber hinaus liefert es den Blumen Nahrung und verbessert so ihre Chancen einer optimalen Haltbarkeit.

• Blumen auch in der Wohnung (oder auf Balkon/Terrasse) gegen extreme Bedingungen schützen. Achtung bei Sonne, Heizung, Strahler, Gebläse, Zugluft, Wind, Kälte, Regen oder Frost.

• Schneiden Sie die Blumen für einen Strauß oder ein Gesteck unmittelbar vor dem Verarbeiten auf die gewünschte Länge (wieder schräger Schnitt!) und stellen Sie sie sofort wieder in Wasser bzw. nassen Steckschaum.

• Das Einnebeln der Blumen mit einem Wasserzerstäuber hilft gegen Verdunstung in warmen Räumen, wenn ein Blumenarrangement möglichst lange halten soll. Transportable Gebinde sollten bei Wärme wenigstens über Nacht an einen kühleren Platz gestellt werden.

• Je besser Sie die Blumen pflegen, desto länger werden sie halten.

LITERATURVERZEICHNIS

BÜCHER

Die verwendeten Bücher älterer Herkunft sind über Bibliotheken zu beziehen, falls sie nicht mehr im Buchhandel erhältlich sind.

Beuchert, M.: Symbolik der Pflanzen. Von Akelei bis Zypresse. Insel Verlag, Frankfurt/M. 1995

Bürki, M., Fleischli, P.: Schnittblumen, Schnittgrün und Fruchtzweige. 4. Aufl., Thalacker Verlag, Braunschweig 2001

Cheers, G. (Hrsg.): Botanica. Könemann Verlagsgesellschaft, Köln 1998

Donzel, C.: Geliebte Blumen. Eine Kulturgeschichte. Gerstenberg Verlag, Hildesheim 1998

Encke, F.: Die schönsten Kalt- und Warmhauspflanzen. 2. Aufl., Verlag E. Ulmer, Stuttgart 1987

Erhardt, W., Götz, E., Bödeker, N., Seybold, S.: Zander – Handwörterbuch der Pflanzennamen. 16. Aufl., Verlag E. Ulmer, Stuttgart 2000

Foerster, K.: Blauer Schatz der Gärten. 2. Aufl., Verlag E. Ulmer, Stuttgart 1990

Front, L.: Blumenträume. Christian Verlag, München 1999

Granow, G.: Blumen stecken und binden. Verlag E. Ulmer, Stuttgart 1999

Holden, E.: Vom Glück, mit der Natur zu leben. DTV, München 1998

Itten, J.: Kunst der Farbe. 25. Aufl., E. A. Seemann, Leipzig 1999

Jessen, H., Schulze, H.: Botanik in Frage und Antwort. 14. Aufl., Verlag M. & H. Schaper, Hannover 1997

Kratz, M.: Blumen im Winter. Floristische Ideen von November bis März. Verlag E. Ulmer, Stuttgart 2000

Kratz, M.: Blumen für den Tisch. Dekorative Ideen für festliche Tafeln. Verlag E. Ulmer, Stuttgart 2001

Kratz, M.: Blumen für das Grab. Floristische Ideen für das ganze Jahr. Verlag E. Ulmer, Stuttgart 2001

Kratz, M.: Floristik mit Rosen. Dekorative Ideen für jedes Ambiente. Verlag E. Ulmer, Stuttgart 2001

Rostenstock, F.: Osterschmuck und Osterbräuche. 3. Aufl., Verlag E. Ulmer, Stuttgart 2001

Roth, J.: Die neue Gartenlust. Insel Verlag, Frankfurt 1994

Schubert, M.: Wohnen mit Blumen. 18. Aufl., BLV Verlag, München 1998

ZEITSCHRIFTEN

Teils floristisch-gestalterisch, teils gärtnerisch ausgerichtet sind einige Zeitschriften, die sich mit Blumen und Pflanzen beschäftigen. Fragen Sie auch nach Sonderausgaben zum Thema Frühlingsdekorationen.

»BLOOM's«, FMS Verlag, Ratingen

»Eden«, Eden-Verlagsgesellschaft, Gütersloh

»FLORA«, Gruner & Jahr, Hamburg

»Floristik international«, (Fachzeitschrift für den Blumeneinzelhandel) Verlag E. Ulmer, Stuttgart

»gartenpraxis«, Verlag E. Ulmer, Stuttgart

»kraut & rüben«, BLV Verlag, München

»mein schöner Garten«, Burda Senator Verlag, Offenbach

REGISTER

Autorin

Monika Kratz ist nach Floristausbildung, Germanistik- und Kunstgeschichtsstudium sowie der Chefredaktion einer floristischen Fachzeitschrift heute freiberuflich tätig als Fachjournalistin im Bereich Floristik. Sie schreibt für Fachzeitschriften im In- und Ausland, Special-interest-Zeitschriften und Fachbücher und führt als Moderatorin durch floristische Fachveranstaltungen. In ihrer eigenen, 2001 gegründeten MOKRA-Veranstaltungsreihe »Wege zu Kunst und Kultur« schafft sie ein Forum, wo Menschen der unterschiedlichsten Begabungen, Berufe und Interessensgebiete sich begegnen und kommunizieren können. Die Gestaltung mit Blumen gehört dazu. Monika Kratz hat das floristische Konzept für das vorliegende Buch und die Reihe »UlmerFloristik« entwickelt. Bisher erschienen sind: »Blumen im Winter – Floristische Ideen von November bis März« (2000), »Blumen für den Tisch – Dekorative Ideen für festliche Tafeln« (2001), »Floristik mit Rosen – Dekorative Ideen für jedes Ambiente« (2001) und »Blumen für das Grab – Floristische Ideen für das ganze Jahr« (2001), »Blumen für die Hochzeit – Floristische Ideen für eine traumhafte Trauung« (2002).

Monika Kratz · Ginsterweg 61 · 50169 Kerpen
Tel. 02273 – 94 17 71 · Fax 02273 – 94 17 72
E-Mail: MoKratz@aol.com

Floristik

Die meisten Werkstücke für dieses Buch hat die Autorin selbst gefertigt. Einen weiteren großen Teil der floristischen Ideen setzte das schon in früheren Produktionen bewährte Floristmeister-Team Sonja und Dirk Walterscheid praktisch um. Sie sind beide derzeit tätig im Betrieb Walterscheid in Winterscheid, gelegen zwischen Köln und Bonn. Den elterlichen Betrieb, der vor rund 25 Jahren gegründet wurde, übernahm der Junior Anfang 2001. Einen kleinen, doch nicht unwichtigen Beitrag zu den Werkstücken lieferte Sandra Kraus, eine junge Floristin im Blumengeschäft »Pieroni« in Kerpen-Horrem.

Blumenhaus Walterscheid · Hauptstraße 67 · 53809 Winterscheid
Tel. 02247 – 22 10 · Fax 02247 – 86 69
Blumenhaus Pieroni · M. Machulka & Partner · Clemensstr. 6 · 50169 Kerpen
Tel. 02273 – 18 47 · Fax 02273 – 695 84

Fotograf

Die stimmungsvollen Fotografien der floristischen Werkstücke entstanden in Haus und Garten der Autorin, die Aufmacherfotos zu den Kapiteln zum Teil in und um Köln.

Fotografie Ralf Leinburger
Moltkestr. 89 · 50674 Köln
Tel. 0221 – 51 14 73 · Mobil 0170 – 387 08 87

Dank

Viele Menschen sind an diesem Buchprojekt beteiligt, allen ein herzliches Dankeschön! Besonderer Dank gilt Margot Machulka und Angelo Pieroni für ihr Interesse und ihre Unterstützung mit Materialien. Dank an die Keramikerin Karin Utta Altena aus Horrem für ein künstlerisches Schneckenobjekt, das wunderbar die gerollten Farnwedel ergänzte (Seite 18). Dank auch an Wilfriede Dick, ebenfalls aus Horrem, für das handbemalte Osterei, das genau zu meinen Stiefmütterchen passte (Seite 45). Ein Extra-Dank geht an O.G.A, meinen Lebensgefährten und aufmerksamsten Kritiker, für das unverzichtbare Gegenlesen – und diese unendliche Geduld, die auf eine harte Probe gestellt wurde, als wegen der Fotoproduktion tagelang der gesamte Haushalt auf den Kopf gestellt werden musste.

Lassen Sie sich durch Blumen inspirieren.

Wie lassen sich unsere Wohnräume auch in der tristen, kalten Jahrezeit lebendig gestalten? Mit den schönsten Blumen des Winters macht das besondere Freude – ob mit Schnittblumen, Exoten oder blühenden Zimmerpflanzen. In diesem Buch werden 16 außergewöhnliche Arrangements beschrieben, vom zarten Adventskranz in Wachs bis zum kostbaren Tafelschmuck mit Orchideen. Was man den Arrangements nicht ansieht: sie sind verblüffend einfach und schnell nachzuarbeiten, mit wenig Mitteln und ohne besondere Vorkenntnisse. Besonders beachtenswert: hier liegt eine erfrischende Mischung aus Bilderbuch und Bastelanleitung vor, das neben den Arbeitsschritten auch die Gestaltungsprinzipien und deren Hintergründe erklärt. Der Leser erhält viel Information und Grundwissen rund um die Werkstücke, dazu viele Tipps und Anregungen für Variationsmöglichkeiten.

Blumen im Winter. *Floristische Ideen für November bis März. M. Kratz. 2000. 94 S., 56 Farbf. ISBN 3-8001-6772-7.*

Wie lassen sich die vielen Facetten der Rose dekorativ hervorheben? Ob zartes Moosröschen oder prächtige Freilandrose – das ganze Jahr über können wir mit der beliebtesten aller Blumen unsere Wohnräume stimmungsvoll gestalten. In diesem Buch sind 30 außergewöhnliche Arrangements beschrieben, vom klassischen Rosenpokal bis zum modernen Kranz – sie alle zeigen die Rose in ihrem schönsten Licht. Wichtig: Alle Werkstücke basieren auf einfachen Techniken und sind auch ohne Vorkenntnisse leicht nachzuarbeiten. Gestalten Sie mit!

Aus dem Inhalt

Ein Korb voll Rosen und Früchte. Girlanden aus Rosen und Hagebutten. Englische Rosen im Silberpokal. Streubild aus Blütenblättern. Viktorianischer Rosenkorb. Herzen, Fächer und Sträuße mit Rosen. Kränze frisch und trocken.

Floristik mit Rosen. *Dekorative Ideen für jedes Ambiente. M. Kratz. 2001. 94 Seiten, 56 Farbfotos. ISBN 3-8001-6770-0.*

Wie wird der ganz alltägliche Mittagstisch zum festlichen Augenschmaus? Wie kann der alte Beistelltisch in neuem Glanz erstrahlen? Gleich welcher Anlass – auf die gute Idee kommt es an! Dieses Buch zeigt 32 attraktive Tischdekorationen für viele Anlässe. Bei aller optischen Raffinesse sind die Techniken einfach und ohne Mühe oder besondere Vorkenntnisse nachvollziehbar. Überzeugen Sie sich selbst!

Aus dem Inhalt

Sonnenblume für den Singletisch. Blütenherz für zwei. Ich lad' die Omi zum Kaffee ein. Gedeckschmuck für einen Ehrengast. Witziger Lampion-Party-Tisch. In trauter Runde. Festliche Familientafel. Sandkasten- und Planschbeckentisch. Kürbistafel zu Halloween. Der Tisch zum Thema Blau. Tischblumen und Gräser unter Glas.

Blumen für den Tisch. *Dekorative Ideen für festliche Tafeln. M. Kratz. 2001. 94 Seiten, 56 Farbfotos. ISBN 3-8001-3401-2.*

Lassen Sie sich durch Blumen inspirieren.

Spanische Pfefferschoten mit Saubohnen angerichtet ergeben sicher eine delikate Mahlzeit, können aber auch auf ganz andere Weise verführen – als Grundmaterialien zu floristischen Appetitanregern verarbeitet, erhalten sie plötzlich neue ungeahnte Qualitäten. Ob Artischocken, Maisblätter oder Ringelblumen, ob Rote Bete, Kirschen oder Zucchini – der belgischen Autorin und Floristin gelingt es auf faszinierende Weise, den Formen, Farben und der Gestalt ganz gewöhnlicher Nahrungsmittel zu außergewöhnlicher Wirkung zu verhelfen. Wer dabei Lust bekommt, nicht nur bei den Fotos zu verweilen, kann mit Hilfe der aufgelisteten Materialien selbst aktiv werden und sich dabei an den beschriebenen Arbeitsschritten orientieren.

Dekorieren mit Blumen und Früchten. *61 floristische Werkstücke mit Arbeitsanleitung. R. Gijbels. 132 Seiten, 62 Farbfotos. ISBN 3-8001-5301-7.*

Blumen sind bei Hochzeiten überall vertreten – im Haar der Braut, als Brautstrauß, am Revers des Bräutigams, in der Kirche und auf der festlichen Tafel. Der traumhafte Blumenschmuck kann ganz einfach selbst gefertigt werden – ein individuelles und persönliches Geschenk für das Brautpaar. Zahlreiche Werkstücke, klassisch, witzig und ungewöhnlich, sind bereit für den Nachbau und werden in den Anleitungen Schritt für Schritt beschrieben. Dabei braucht man keine spezielle Ausstattung, denn sämliche Materialien sind in jedem Blumengeschäft zu haben.

Aus dem Inhalt

Niedliche Biedermeiersträußchen, Blumenschal. Kopfschmuck: Blütenkranz, Blumenspange, Girlanden, Hutschmuck. Körperschmuck: Blütencollier, Blumenschleppe, florale Krawatte. Hochzeitsdekoration: Blumen für Kirche, Auto und Tafel.

Blumen für die Hochzeit. *Floristische Ideen für eine traumhafte Trauung. M. Kratz. 2002. 96 S., ca. 60 Farbf. ISBN 3-8001-3812-3.*

Grabschmuck selbst fertigen und zum Friedhof tragen – das verbindet uns besonders innig mit den Menschen, die von uns gegangen sind. Wie kann man mit Schalen, Sträußen oder Kränzen die vorhandene Grabgestaltung akzentuieren? Welche Symbole geben Sinn? Und wie lässt sich auch aus einfachsten Materialien das ganze Jahr über Grabschmuck herstellen? 36 Ideen zeigen, wie vielseitig man Gräber mit Blumen schmücken kann. Das Besondere: alle Werkstücke sind komplett kompostierbar. Das hilft, die Friedhofskultur zu pflegen und zu bereichern.

Aus dem Inhalt

Sträuße für hohe oder kurze Vasen, mit Chrysanthemen oder Calla. Kränze und Girlanden aus Weiden, Birken oder Nelken. Symbole: ein Kreuz aus duftigen Blüten, Rosenherz als Liebesgabe, tröstende Mimosen. Schalen und Körbe, schlicht bepflanzt oder voller Blumen.

Blumen für das Grab. *Floristische Ideen für das ganze Jahr. M. Kratz. 2001. 96 Seiten, zahlreiche Farbfotos. ISBN 3-8001-3275-3.*